管仲

张浩洪——著

SPM 南方出版传媒 广东人民出版社
·广州·

图书在版编目（CIP）数据

管仲 / 张浩洪著 .— 广州：广东人民出版社，2021.5

ISBN 978-7-218-14006-3

Ⅰ.①管… Ⅱ.①张… Ⅲ.①管仲（?-前645）—传记 Ⅳ.①B226.1

中国版本图书馆 CIP 数据核字（2019）第 242563 号

GUAN ZHONG

管　仲

张浩洪　著

出 版 人：肖风华

责任编辑：刘　宇
责任技编：吴彦斌　周星奎
装帧设计：尛　玖

出版发行：广东人民出版社
地　　址：广州市海珠区新港西路 204 号 2 号楼（邮政编码：510300）
电　　话：（020）85716809（总编室）
传　　真：（020）85716872
网　　址：http://www.gdpph.com
印　　刷：北京彩虹伟业印刷有限公司
开　　本：787mm×1092mm　1/16
印　　张：16　　字　　数：185 千
版　　次：2021 年 5 月第 1 版
印　　次：2021 年 5 月第 1 次印刷
定　　价：45.00 元

目录

一、时运不济，唯有奋力

齐小白惊险登基 1

齐桓公坐在王位上，面对着案台下面跪拜的众卿，心中既高兴又忐忑，高兴的是，自己在鲍叔牙、隰朋、高傒、国子、王子成父、东郭牙、雍廪、宾须无等众臣的拥戴下，终于坐北面南，成为齐国的国君了；忐忑的是，自己那个二哥公子纠，正疾驰在鲁国通往齐国的道路上，他也觊觎着国君之位。齐桓公心想，过不了多久，一场夺位之战就要开始了。

二、有求则进，无欲则废

管仲成功拜相 40

齐桓公做如此举动，不仅使得各位大臣感到意外，也使得管仲本人大为吃惊。只见管仲慌慌张张地跪倒在地，口称：“今既为一相，他日为了齐国大业，定当殚精竭虑，肝脑涂地，倾尽腹中所有，辅佐君上登临霸主之位！”

三、众擎易举，无往不胜

君臣二人促膝长谈 86

齐桓公很高兴，他终于招纳了一位闻名天下的贤臣，以后，振兴齐国大有希望了，为此，他一爵一爵地喝着酒。坐在下方的管仲也很兴奋，二人边喝边谈，不知不觉间已进入深夜。

四、欲戴王冠，必承其重

春秋一代霸主的诞生 96

至此，齐桓公以“尊王”的名义，当上了日思夜想的盟主，也终于获得周王室的正式承认，达到了“上应天时，下顺民心，四野归服”的目的。从此，在齐国“尊王”的旗帜下，整个黄河下游地区的大小诸侯国结成了一个庞大的集团，齐桓公也成为名副其实的中原霸主。

五、成事在谋，然后可成

管仲助攻实现“攘夷” 125

攘夷，就是为了保卫本国和周边同盟国的利益，使用武力手段对来犯的北方少数民族进行征伐。攘夷的对象主要是居于北方的，即现在河北北部和介于辽宁西南部的山戎，再就是位于现在山西、内蒙古南部的赤狄和夷狄。

六、恩威并施，刚柔兼济

此举胜似千军万马 165

齐国的一系列动作，使得中原各诸侯国都心悦诚服，别说原来关系较好的国家，就是原来那些疏远的诸侯国，也来与齐国修好结盟。这样，齐国的威望越来越高，霸主地位越来越巩固。

七、心之所向，无所畏惧

国相的日常操劳 208

对于管仲来说，他这一天过得很有意义，但又非常疲惫。一前一后，一君一臣，都是自己的知心之人，自己把酝酿已久的想法一股脑地说出来，大家又很认同。这天夜里，管仲欢喜得一夜未眠。

八、战我不胜，扬我之威

一代名相的沉重嘱托 222

他仰望天空，悬挂中天的红日渐渐逝去，约摸一炷香的工夫便完全消逝，仿佛被天狗吞噬，天空顿时变得一片昏黑。齐桓公大惊，脑子里涌出一个念头："莫非是仲父……"

九、征途漫漫，不负初心

远离小人方得始终 239

齐桓公被长卫姬挖苦，已经忘记了管仲、鲍叔牙的规劝，也觉得自己不该把这三个人撵走。于是，他对长卫姬说道：“寡人现已知错，你快快找人把他们找来，听凭寡人差遣！”

一、时运不济，唯有奋力

| 齐小白惊险登基 |

公元前685年的春天，齐小白在鲍叔牙的扶持下，登上了齐国国君的宝座，成了周朝东部沿海一个诸侯大国的国君——齐桓公，这年他三十一岁。

齐桓公坐在王位上，面对着案台下面跪拜的众卿，心中既高兴又忐忑，高兴的是，自己在鲍叔牙、隰朋、高傒、国子、王子成父、东郭牙、雍廪、宾须无等众臣的拥戴下，终于坐北面南，成为齐国的国君了；忐忑的是，自己那个二哥公子纠，正疾驰在鲁国通往齐国的道路上，他也觊觎着国君之位。齐桓公心想，过不了多久，一场夺位之战就要开始了。

齐桓公正沉思之际，忽听见下面的鲍叔牙喊道："各位上卿、大夫，今日新君即位，众人跪下拜见！"随即，众人一齐跪在地上，高呼之声不绝于耳。

齐桓公满脸带笑，伸出手面向大家说："众卿请起，你们都是寡人的股肱之臣，今日寡人之所以能坐上此位，完全仰仗各位的鼎力相助！”

“谢新君！”众人齐声致谢，而后起来，分列在堂下两旁。

见大家恭恭敬敬的样子，齐桓公接着说道：“承蒙诸位上卿、大夫的拥戴，今日寡人继承君位，由衷地表示感谢。齐国这些年，内乱不止，国力大衰，百姓生活在水深火热之中。作为大齐的君臣，咱们都应该好好反省，从中汲取教训。咱们一定要使齐国强盛起来，让各诸侯国刮目相看。齐国的强盛依靠谁？就靠诸位！希望诸位上卿、大夫各司其职，恪尽职守，不负国民的期望！”

“国君所说十分有理，臣等定当肝脑涂地，竭尽全力把齐国建设好。”齐桓公话一说完，众人马上接口答道。

正如齐桓公自己所说，他完全是在齐国战乱不止、烽火连天的情况下才坐上齐国国君这个宝座的。而就在齐国上下欢庆齐桓公登基之时，公子纠已经到了宫门口。公子纠从哪里来的呢？怎么晚了一步呢？详细的情况，我们且看下文。

齐桓公的父亲齐僖公共有三个儿子：长子，名诸儿，也是齐僖公钦定的日后王位继任者，被留在身旁教养；次子，名纠，人称公子纠；三子，名小白，也就是日后的齐桓公。为了让他们长大后能成就一番事业，齐僖公分别为他们聘请了老师，辅导他们的功课，并传授他们各种治国之策。次子公子纠能说会道，为人机灵，深受齐僖公喜爱，齐僖公就安排了两个谋士——召忽和管仲，对他精心辅导；三子小白性格内向，平时少言寡语，齐僖公并未将他放在心上，就请了一个谋士鲍叔牙当他的老师。

鲍叔牙是个聪明之人，对于这样的安排，他十分不满。鲍叔牙觉得不公平，既然都是亲生儿子，为什么两种待遇？公子纠有两个老师，而小白就只有自己一个老师。于是，鲍叔牙一气之下，假托生病，闲居在家。管仲和鲍叔牙自幼是挚友，且现在又同殿称臣，听说鲍叔牙生了病，于是就约上召忽一起上门探望。

管仲进入鲍叔牙家的院中，见他正在屋中看书，虽然面色有些憔悴，但精神状态还不错，根本不像生病的样子，便上前问道："鲍兄，好自在呀，目前朝中事情繁多，你为何称病不出，安于赋闲？"

"哎呀，二位驾到，有失远迎，望恕罪！"鲍叔牙赶紧站起身来，请二人入座。鲍叔牙也知道管仲刚刚说的话似有责备之意，于是，待二人落座后，马上又说："夷吾贤弟想必知道，叔牙自幼熟读诗书，明晓诸多事理常规，君上为什么偏偏让我去辅导愚昧的小白，而让你们做了公子纠的老师呢？这不明显说我才能不济吗？"

管仲听了，刚想劝解鲍叔牙几句，站在旁边的召忽立即接口道："鲍大夫所说有理，按说以鲍大夫的才能就是做谁的老师都够格啊，为什么偏偏做了小白的老师呢，我也觉得实在不公啊！"

"那你说怎么办？"坐在旁边的管仲问道。

召忽一向直率，管仲的话语刚刚落下，他就直言不讳地说："既然大夫不想去，那就把病装下去，让君上为小白另选老师好了！"

鲍叔牙听后，默默点头，很是同意召忽所讲。接着，他把目光投向管仲，似在征询管仲的意见。他对管仲一向敬重和钦佩，相信在自己困惑之际，管仲定会替自己出一良策的。

管仲注意到了鲍叔牙的表情，也深谙他的用意，想了一会儿说道："对于召忽大夫所讲，仲深有异议。依我之见，此事不容推辞。"

鲍叔牙和召忽诧异地问："为什么？"

管仲接着说："从齐国社稷的角度来说，辅佐各位公子是一件具有深远意义的大事，所以君上才对我们委以重托。鲍兄身为齐国大臣，就得听命于君上，岂能因存有偏见而加以推辞？再说，君上的几位公子，将来谁更有出息，现在尚无定论，你又怎能对小白弃之不管？”

说到这里，管仲看二人都在静静地听着，又接着说道：“常言道，谋事在人，成事在天啊！我观察三位公子，诸儿骄横自负，品质卑劣，缺乏君王的风范；纠虽能说会道，但遇事缺乏主见，在争杀不休的当今乱世，恐也难有作为；小白年纪尚幼，但从平时的言行来看，气度不凡，有成就大事之相。我虽然知道公子纠的缺点，但君上委我辅佐公子纠，我也不能拒之不受。现在君上让你鲍叔牙去辅佐小白，我认为正是小白之福、鲍兄之机啊！管仲斗胆作一假设，将来一日，不幸上天降下兵祸天灾于齐国，诸儿或是纠即使继承君位，也将一事无成，安定齐国社稷的，恐怕还得是鲍兄辅佐的公子小白啊！”

管仲推心置腹的一番话，清晰透彻，无懈可击。鲍叔牙心悦诚服，无话可说。他朗声一笑，说道：“夷吾贤弟所言极为有理，叔牙甚为惭愧，也是一时懵懂，方产生上述想法。既是如此，我马上去找君上，接受使命，尽心竭力地辅佐小白，日后也好对国人有个交代！”

在说服鲍叔牙时，管仲对公子纠“即使立为国君也无所作为”的评价，使得站在旁边的召忽很是不满。召忽脸上露出不快之色。

管仲见状马上问道：“召忽大夫，面有愠色，想必有话要说？”

既然管仲问到此处，召忽也就回答：“你我既奉君命，辅佐公子纠，你为何还对他加以贬低，说他难有作为？难道你对他存有异心？”

听得召忽一问，管仲未作正面回答，而是问道：“召忽大夫你如何想的？”

“我是个直来直去的人，”召忽回答，“假设君上立公子纠为太子，他日奉纠为君，有人违背先君之命，谋划篡夺纠的君位，忽将以死相护，君位若失，忽将以死相殉。身为齐国之臣，接受君命而不更改，拥戴先君所立而不使废除，是我召忽做人所讲求的道义！”

管仲听后，微微一笑，不以为然地说：“我作为齐国的臣子，承受君上的恩惠，做事也要从有利于国家的角度出发，决计不能随意废黜成为新君的公子纠。但是，如果他实在迂腐无能，难以振兴齐国，被能人废除，也没必要为他轻生，到时候还得辅佐明君。当然，如果齐国的社稷败落、宗庙坍毁、祭祀断绝，为臣的不能使齐国富强，我也就无颜苟活偷生。到那时，管仲也情愿以身殉国！”

在说到齐国未来的前途命运之时，管仲和召忽都道出了自己的心声和志向，而他们的话也预言了齐国日后的去向和前途。

公元前 698 年，齐僖公一病不起，最终不幸身亡。按照规矩，太子诸儿即位，是为齐襄公。按说，齐襄公做了国君以后，应当励精图治，好好治理齐国。然而，齐襄公上任以后，整天不理朝政，只顾玩乐，使得群臣无不怨气冲天。除此之外，齐襄公还和自己同父异母的妹妹文姜有染。

齐僖公在世时便发现两人有不正当关系，于是就给诸儿娶了三个媳妇，接着，又把文姜嫁到鲁国，做了鲁桓公的夫人。后来，齐僖公病逝，诸儿即位当了国君后便一手遮天，无拘无束了，又和已成鲁国国君夫人的妹妹文姜联系上了。

有一天，齐襄公因想念文姜便找了个借口前往鲁国办事，顺便和文姜见面，不巧的是，两人相处时被一个宫女发现。随后，宫女将两人的事情报告给了鲁桓公。

鲁桓公听了宫女的报告后，怒气冲冲地来到文姜的宫门处，发现两人还待在一起，本想发火，但左思右想，顾及诸多不便，还是将火气压了下去，只是在门外咳嗽几声便走了。屋中的两人听到外面鲁桓公的声音，知道事情败露，赶紧穿好衣服，没有和鲁桓公打招呼就仓皇地逃回了齐国。

齐襄公知道自己与文姜的事情败露了，于是更加恼恨鲁桓公。齐襄公又想，一旦鲁桓公把事情传了出去，他这个国君就不能安然执掌一国了。怎么办呢？要想不传出去只有一个方法，就是将鲁桓公灭口。怎么灭口呢？他左思右想，终于想了个办法。

齐襄公手下有个侍卫叫彭生，是从鲁国过来的青年，他出重赏让彭生去刺杀鲁桓公，并且承诺回来后让彭生官升三级。常言道，重赏之下，必有勇夫。彭生想到回来后能得到重赏，还能当上大官，于是便爽快地答应下来。

一个夜晚，彭生潜入鲁桓公的宫中，将他一剑刺死。为了回来领赏时能有据可查，彭生又从鲁桓公的尸身上割下两只耳朵带回了临淄城。

到了宫中，彭生把两只血淋淋的耳朵一放，刚要开口，只见齐襄公冷笑一声，手一招，来了几个侍卫，不由分说便把彭生绑上了。

彭生大喊："君上这是干什么？不是君上叫我去杀人的吗？为什么不兑现诺言，还要绑我？"齐襄公把桌案一拍，厉声说道："纯属胡说，寡人何时叫你杀人？"说着，让人将他推出去斩首。彭生边走边喊："诸儿小子，我就是变成厉鬼也不会饶你！"

到了外面，彭生被一刀砍死。齐襄公命人割下他的首级，送到鲁国，并声称杀害鲁桓公的凶手跑到了齐国，现已经把他斩首，为鲁桓公报了仇。

鲁桓公死后，他的儿子姬同被拥立为国君，成为鲁庄公。鲁庄公听到齐襄公已经将杀害自己父亲的仇人斩首，碍于两国关系也未追究里面的细节，这事就这样过去了。

而这个每日沉迷于酒色的荒淫之君——齐襄公，是不会把国人的苦乐哀愁放在心上的。鲁桓公死后，文姜经常回到齐国，与齐襄公鬼混在一起，两人过得非常潇洒惬意。

后来，齐襄公派两个臣子连称、管至父去戍守国都临淄西边的葵丘。在走之前，两人问何时回来，坐在桌案后边狼吞虎咽地吃着西瓜的齐襄公略微抬起头来，指着丢在脚下的一堆西瓜皮说："看见了吧，等到明年再吃西瓜时，你们就可回来！"

看到国君这个样子，连称、管至父二人非常不满，但君命不可违，再不愿意也得去，要想回来，只有等着一年后再被人换回来了。然而，事情哪有那么顺利。到第二年瓜熟时节，齐襄公并未将二人换回来。二人没有办法，只好回去找齐襄公。不料，齐襄公早已把这个事情忘得一干二净。

连称是个急性子，马上问道："您是一国之君，哪有说话不算数之理？"管至父也附和着说："君上去年答应我们一年后让我们回来的，想必不会忘记！"

此时，齐襄公听到二人如此质问，心中气恼，霍地从坐席上站起来，吼道："寡人就是忘了，你们想怎么样？因为此事，难道还要反叛不成？"

见到齐襄公目露杀人凶光，二人马上退出，恨恨地说道："这个昏君不亚于当年的幽王，迟早得将他废了，不然，齐国无望矣！"

其实，除了这两个人恼恨齐襄公外，还有一个人也非常恼恨齐襄公，这人就是公孙无知。公孙无知是齐襄公的堂弟，聪明伶俐，齐僖公在世时很是宠爱他，于是他平时的衣食住行都和当太子的齐襄公一样。当齐僖公去世，齐襄公即位后，他立刻把这个堂弟的特殊待遇给取消了，还将他赶出宫去。已经习惯享受优厚待遇的公孙无知怎能接受？故此，他去宫中与齐襄公大闹一场。

一天，齐襄公正在宫中同文姜嬉笑，这时心有怨气的公孙无知来了，见到这种情况气愤地骂道："诸儿，你现已为国君，大庭广众之下如此放荡，岂不给齐国丢尽脸面，让地下祖宗唾骂？"

齐襄公抬头一看，见是这个堂弟到来，并且在宫人面前如此指责自己，心中十分不快，但毕竟是自己的堂弟，又是先君宠爱之人，故沉下脸问道："公孙无知，你来做甚？寡人是一国之君，做事岂容你来干涉？"

公孙无知并不怕他，针锋相对地说："正由于你是国君，你才更应当洁身自好，整衣正冠，不可做逾规越矩之事！"

见这个堂弟如此严厉，齐襄公低头不语。在齐襄公沉吟之时，公孙无知又问："我的待遇是先君伯父所赠，你为何取消？"

听到这里，齐襄公心想，原来是为自己的事情前来找碴，随即冷冷一笑说："先君已经故去，现在寡人当国君，规章制度由寡人来定，你没有资格享用太子待遇，应当废除！"

"你……你是目无祖宗法纪的混蛋一个！"见这个堂兄以国君之势欺人，公孙无知气得不知说什么好了，最后只得破口大骂。

齐襄公见公孙无知对自己这样不尊，心中愈加恼火，他把桌子一拍，厉声喊道："难道你还要反叛不成？来人，把公孙无知轰出去！”话音一落，几个侍卫立即上来，强行把公孙无知拽走。接着，齐襄公又说：“看在同宗同脉的份上，今日暂且饶你一次，日后如再这样，立即处死！”

公孙无知不仅没有捞到任何便宜，还被人强拉了出来，头巾掉在地上，衣袍也被撕开一个口子。他恨恨地走回府中，口中不停地大骂：“这个昏君，不把你推翻，我誓不为人！”

这件事情很快就被连称、管至父所知，二人当天晚上就来到公孙无知的府上。

公孙无知此时正在生气，忽听到门外有人喊道：“公孙侯可在府上？”

“谁呀？”公孙无知起身走出门外，一看是连称和管至父，忙说：“原来是二位大夫，请屋中坐！”

三人进入屋中，分宾主坐下后，公孙无知问道：“二位前来，有何贵干？”

连称是个急性子，见公孙无知一问，便快速地回答：“侯爷，我们二人有一事前来相商，就是这个诸儿当上国君以后，迷恋酒色，荒废政务，如此下去，齐国江山危在旦夕！”

连称也是个聪明人，在这里并未提起齐襄公不管他们二人换防之事，唯恐说他二人有挟私报复之嫌，故拣重要的事来说。

连称刚说完，管至父也说：“齐襄公又不听人劝告，这样下去，国将不国，齐国迟早会被他国所灭！”

二人的话如同一根火柴，点燃了窝在公孙无知心中的怒火，他愤愤地说：“二位大夫所讲正是无知所想。这个昏君任意妄为，毁的是齐国大业，害的是齐国黎民百姓，如此下去，后患无穷！”

“这将如何是好？绝对不能让他一意孤行下去！”连称、管至父赶紧附和着公孙无知的话语说道。

公孙无知的火气越来越大，把脚一跺说：“如今，齐国的江山落到诸儿这个昏君之手，乃齐国之大不幸。若要振兴齐国，只有将诸儿推倒，另立新君！”一听公孙无知明确地说出换君之事，连称、管至父二人大喜。

连称忙说：“此言甚善，不可拖延，必须快速行事。”

“此事只有这样来办，方能顺从民意。可是，要想将齐襄公废除，也非易事。”管至父担心地说。

“此话怎讲？”公孙无知问道。

管至父说：“齐襄公整日在宫中饮酒作乐，少出宫门，就是出去咱也不知，怎么下手？”

公孙无知刚想讲话，只见连称双手一拍，说道：“这个好办，我有个堂妹是齐襄公的妃子，因为齐襄公整天迷恋文姜，对她非常冷漠，于是她逐渐心生怨恨，甚至和文姜针锋相对。因为争风吃醋，她曾闹到齐襄公面前，不仅没有获得齐襄公的爱怜，反而受到齐襄公的惩罚，于是她更加恼恨齐襄公和文姜了，恨不得将他们置于死地。所以，只要买通她，叫她帮忙传出齐襄公活动的消息，那么除掉齐襄公不就容易了吗？”

“对，就这么定了！”三个人一拍即合。连称连夜去找他的堂妹。

连称的堂妹最初并不答应，唯恐以后背负弑君的罪名，遭到国人唾骂。连称马上对她说：“你不用害怕，公孙无知也是君王之后，齐襄公一死，由他担任新的国君，我们已经和他说好，日后你移驾他宫，成为尊贵的夫人，省得再受窝囊之气！”连称的堂妹听罢，很快就答应了下来。

过了没多久，连称的堂妹传来消息，说齐襄公下个月准备到姑棼的贝丘狩猎。连称、管至父立即来到公孙无知的府里，三人一商量，决定在齐襄公离宫入住姑棼后，马上动手。

此时正值寒冬，天气阴沉，空中飘飞着雪花，吹过来的西北风把人们冻得藏头缩颈。这么恶劣的天气，齐襄公本应在宫中好好地待着，可是他忽然心血来潮，非要出行打猎不可。众人劝他等到天气好后再去也不迟，可是他吼道："你们怕冷，都在宫中烤火闲坐，寡人自己出行！"

众人一见齐襄公如此模样，无人敢再劝，没办法，几个随从牵出马匹，套上花车，扶着齐襄公坐了上去，一路往南疾驰而去。

众人正行走之间，忽然一个随从高喊："不好，彭生来了！"

大家一听，吓了一跳。而齐襄公听见喊声，顿时一惊，恍惚之间看到前面确实有一个东西，也大声喊道："死鬼彭生，这是前来找我寻仇！"齐襄公边说边挽弓搭箭，向着"彭生"射去。其实，这一个东西并不是彭生，而是一只肥头大耳的野猪。

野猪生性暴躁，要是激怒了它，别说是几个人，就是一头大象它也敢撞上去。见齐襄公准备放箭，野猪竟然嚎叫着冲了过来。齐襄公见状，大惊失色，箭还未发出，就吓得从车上掉了下来，跌伤了脚，把鞋也弄丢了，最后狼狈不堪地回到宫中。回宫之后，他无处撒气，居然把管鞋的官员找来抽了三百鞭子。

这个时候，公孙无知、连称和管至父等人也从连称的堂妹那里得知了齐襄公受伤的消息，于是，立即率领手下兵士前来攻袭齐襄公，结果在路上碰到了出宫时管鞋的那个官员。

管鞋的官员虽然挨了鞭子，也非常恼恨，但他仍然保持着对齐襄公的忠诚。管鞋的官员看公孙无知等人的架势，立即猜到他们要兴兵作乱，于是上前欺骗他们说：“你们先不要进去，如果进去惊动了宫中的卫士，那就不好办了。”

公孙无知等人不信任管鞋的官员，准备杀掉他，管鞋的官员灵机一动，脱掉上衣，让公孙无知等人验看他身上的鞭伤。公孙无知等人这才相信了管鞋的官员，让他先进去打探消息。

管鞋的官员进宫之后，立即把公孙无知等人准备作乱的消息告诉了齐襄公，并让齐襄公藏到一扇门后面。

公孙无知等人在门外等了好长一段时间，仍不见管鞋的官员出来，知道情况有变，立即率众攻进了宫中。管鞋的官员与宫中的卫士、齐襄公的近侍等上前阻拦公孙无知的兵士，以保护齐襄公的安全，结果全部被公孙无知的兵士杀死。

要说这个管鞋的官员也确实是一个非常忠诚的人，齐襄公那样对他，而他仍旧效忠齐襄公，真是非常难得。只可惜，他的忠诚错付了人，为昏庸的国君送死实在不值得。

公孙无知冲到宫中，见床上躺着一个人正蒙头大睡，他走上前照着人身一剑刺去，只听到一声惨叫，掀开被子一看，竟然不是齐襄公，而是一个宫人。公孙无知猜想齐襄公应该还藏在屋内，于是在屋里找来找去，最后发现门背后有一只脚，走过去一看，正是齐襄公躲在门后。当看到目露凶光、满身血迹、提着宝剑的公孙无知等人时，齐襄公喊道：“你们要干什么？”

一脸杀气的连称冷冷一笑，说道：“你这昏庸之君，今天我们来取你的性命！”

齐襄公听后，吓得跌倒在地上，说道：“你们这是犯上作乱，已犯灭九族之罪！”

“无道昏君，犯罪的正是你！”管至父举着利剑，指向抖作一团的齐襄公呵斥道：“你连年用兵，祸国殃民，是不仁也；违背父命，疏远公孙无知，是不孝也；兄妹宣淫，毫不顾忌，是无礼也；不兑前言，是无信也。‘仁孝礼信’四德皆失，怎么还能做人？”说完，连称和管至父二人上前一步，两剑齐刺，将齐襄公刺死在地。

就这样，在位仅十二年的齐襄公诸儿，由于背信弃义、疏远大臣、荒淫乱伦，终于招致杀身之祸！

连称、管至父见齐襄公已死，立即带领兵马返回齐国都城临淄。此时，一心想登君位的公孙无知也马上张罗登临君位的事宜。等到连称、管至父回城，一切都已安排就绪。连称召集满朝文武百官，宣告公孙无知已成新君。连称的堂妹则做了新君夫人。既然堂妹成了国君夫人，连称当然也就成了国舅；而管至父助新君登位有功，也当上了有权有势的亚卿。三个人终成大事，一时心随所愿。然而此时，整个齐国已乱成一团，盗贼横行，匪患迭出，人人怨声载道。

此时，辅佐公子纠的管仲、召忽和辅佐公子小白的鲍叔牙见到国内如此混乱，就商量着逃到别国，以避战乱之灾。最后，管仲、召忽带着公子纠去往鲁国，而鲍叔牙则与公子小白到了紧邻的莒国。

众人分手之际，公子纠与公子小白都显现出悲怆之状，而召忽与鲍叔牙也有些沮丧，只有管仲表现得很平静。

坐在石头上的公子纠看着管仲问道：“老师，我们现在被迫离开齐国，你不感到悲痛吗？”管仲看他一眼，并未回答，只是淡淡一笑。

站在后边的召忽、鲍叔牙则着急地问管仲：“国破家亡，人人流离失所，你不仅不感到悲痛，反而面露愉悦之状，是何缘由？”

此时，年纪最小的小白看看大家，不动声色地说：“顺乎天意，自有定论！”

管仲听见小白这么一说，抬起头来看他一眼，心中微微一颤，暗暗想道：“此子日后必成大器！”接着，管仲对大家说：“我们这次出走，时间肯定不会太长。等到回来之时，齐国绝对不是这个样子了！”

“看你说得倒挺轻松，你怎知道日后之事？”鲍叔牙与管仲自幼就是好友，所以说话随意，见管仲如此论断，就反问一句。

管仲笑道：“凡事必得顺乎民意，民意也必须符合天意。襄公处事不公，荒废政事，公孙无知与连称、管至父等人便以自己的私事挑出祸端，以残暴手段将襄公杀戮，窃据了国君之位。其用意，一不是为了拯救国家，二不是为了有益于民众，所以他们只不过是一时得逞，所得权势不可能保持久远。在不久的将来，他们的下场绝对不会亚于襄公也！”

管仲这样一分析，众人觉得十分在理，都不住地点头。

登上国君之位的公孙无知见心愿达成，便坐在王位上颐指气使，吆五喝六，整天吃喝玩乐，不管国事。原来的一些老臣，如东郭牙、雍廪、高傒等人，心中非常反感公孙无知。一天，在议事厅，几个人正在偷偷议论公孙无知，一个叫作步时任的奴仆看到了这一幕，马上将此事告诉了公孙无知。公孙无知立即将他们几个人叫去训斥一顿，并罚去一年的薪俸。

这天，东郭牙正在府中闲坐，忽听外面人声嘈杂，他刚要询问，只见一个下人匆匆跑来，说有几十个老农正在痛哭流涕，诉说着自己的遭遇——公孙无知坐着战车去郊外打猎，结果把老农们种的庄稼全部毁坏了。有老农不满，却被公孙无知一箭射死。紧跟着的连称、管至父更是不管百姓死活，连连拍手叫好。东郭牙听后，气得咬牙切齿，连连呼喊："昏君，真是个昏君，齐国落到他手里，迟早休矣！"

"好大胆呀，你敢诅咒当今国君，还想活吗？"话到人到，东郭牙吃了一惊，定睛一看，原来是雍廪、高傒二人。

"哎呀，吓了我一跳！"东郭牙赶紧把二人请进屋中。

雍廪高声地说："东郭先生说得很是在理，再让这昏君、乱臣祸害下去，社稷恐将被颠覆，生灵涂炭，到那时齐国就大难临头了！"

老成厚道的高傒也说道："雍大夫所说十分在理，我们这些齐国老臣决计不能袖手旁观！"

东郭牙听后，霍地站起来，说道："二位大夫所说正是东郭牙所虑，咱们商量一个万全之策，把眼前这个乱局扭转过来！"

雍廪、高傒拍手叫好，忙说："上卿你拿个主意吧，怎么办？我们两个唯命是从！"

"那好，咱们就这样办！"东郭牙把二人招至近前，小声地说出了一个行动方案，二人脸上顿露喜悦之色。之后，二人又悄悄地离开了。

这天，初秋的太阳刚刚落下，东郭牙径直来到连称府上，正好管至父也在，两人正听曲喝酒。东郭牙看见如此情形，一股怒火从心中升起，可是为了大计还是将怒火压了下去，上前说道："二位侯爷好自在呀！”

连称、管至父扭头一看，原来是东郭牙，于是挥手叫停了音乐的弹奏，冷冷地说道：“原来是东郭上卿，来此可有事情？”

东郭牙拱手说道：“是这样，现在新君即位，齐国兴衰完全仰仗二位侯爷。我今备下一桌酒菜，想请二位到舍下品尝，以示犒劳！”

“原来如此！”连称哈哈一笑，说道，“东郭上卿既有此意，我二人也就却之不恭了！”

说完，三个人一起来到了东郭牙的府上，东郭牙说：“现在厨子正在忙活，尚需一段时间才能用饭，二位先喝点茶吧！”说完，东郭牙走到了屋外。

喝茶，哪里有茶？连称、管至父以为东郭牙去取茶了，也就没有问，仍坦然地坐在座位上。正在此时，门外忽然闯进几个手持利刃的武士，二人惊得站起，刚要说话，又听见从外面进来的东郭牙也手持利剑冷笑着说：“你们两个乱臣贼子，就因为襄公没有满足你们的意愿，你们竟然斗胆弑杀国君，扶上了一个野心家，祸害齐国江山，我今日来取你们性命，祭奠死去的襄公！”说完，一招手，众武士一拥而上，将连称、管至父乱刃分身。

再说雍廪、高傒悄悄来到宫中，敲响了公孙无知的房门。公孙无知听见有人敲门，呵斥道：“谁在外面喧哗？寡人已经睡下！”

雍廪命人在外面喊道：“君上快快起来，鲁国已经打了过来，雍廪、高傒二位大人急见君上。”

“那就去告诉连称国舅吧，他有办法！”公孙无知在里面喊。

“国舅外出打猎未归。”

“真是的，怎么这么多事儿！”说完，公孙无知开门出来。

谁知，他刚一露头，就被两个武士揪住头发，摁倒在地。公孙无知立即大喊道：“你们做什么？”

雍廪冷冷一笑，呵斥道：“你这个昏君，篡权误国，多行不义，今日死期到了！”话音刚落，一个武士手起刀落，将公孙无知的头颅砍下，鲜血溅得满地都是。

此时，东郭牙也带领众人来到宫中，两股人马聚齐，高傒说道：“上卿，国不可一日无主，昏君已除，下一步该怎么办？”

东郭牙胸有成竹地说：“这倒好办，现有两个公子在外，我们可将他们找回，共商国家大事！”

东郭牙说完，雍廪想了一下，又问：“现在有公子纠和公子小白，俱是僖公之后，回来由谁登基呢？再为此事闹腾起来，黎民百姓可就遭罪了！”

“这有何难？照着祖宗法制办事就好了！”三个人正在议论，忽听门外传来一个人的声音。

高傒一看，原来是老臣国子来了，不由得高兴起来。国子位居上卿，是周天子封到齐国的监国大臣，与齐侯平起平坐，德高望重，深受国人敬仰。

“哎呀，国老到了，快说说此事如何办理？”高傒扶着国子坐下。

站在旁边的东郭牙和雍廪也齐声说道：“上卿，您一向德高望重，腹有安邦救国的韬略，您看把哪个公子接回来即位合适？”

国子手捋胡须，沉思一会儿说道：“若论祖制，理应公子纠，他是二子，只是此人胸无韬略，唯恐难当大任。那个小白，倒是绝顶聪慧，但位在第末……”

没等国子说完，东郭牙抢着说道：“如此说来，究竟哪位公子合适？”

“我看就去召唤三公子，免得日后再生变故！”高傒说道。

国子站起来，又接着说：“几位不用着急，宫中这个样子，想必他们都已知道消息，二人身旁的辅佐老师定会督促自己的主子前来即位。到时候，谁来得早，国君就是谁了！”

于是，四个人说定在此等候新君到来。

一切正如国子上卿所说，在鲁国的公子纠和在莒国的公子小白都已经得知公孙无知被杀的音信，二人也分别做了回国的准备。

单说公子纠这边，得知公孙无知被杀的音信后，管仲和召忽马上就去找鲁庄公商量。鲁庄公是鲁桓公和文姜的儿子，鲁桓公死后，由他即位，做了鲁国国君。

鲁庄公也知道自己母亲的丑事，更知道父亲死于舅舅之手，可当时他还年幼，又性情怯懦，一切还得听从母亲之言，所以，只得把仇恨记在心中，想着等有机会再报杀父之仇。后来，他听说齐襄公被管至父、连称杀掉，心中暗暗欢喜。他又得知公孙无知篡夺了君位，齐国一片混乱，管仲、召忽一路护卫公子纠来鲁国避难，于是就收留了他们。

那天，鲁庄公正和大臣议事，有人报告说公孙无知和管至父、连称被高傒、东郭牙等人除掉，齐国派人来请公子纠回去即位。于是，他马上将此消息告诉了管仲、召忽。

管仲、召忽听后，大笑不止，敦促公子纠快快回国。公子纠一阵迟疑，问道：“如此乱世，我回去能行吗？”

管仲严肃地说：“怎么不行？你是二公子，理当即位，还有什么可犹豫的？”

召忽也说："当断不断，必有后患，快走吧！"

"我也希望快快回去，当上国君。可是你们想想，咱们总得跟鲁庄公母子二人说一下吧，他们会同意吗？"公子纠说。

管仲听后，点点头说："这个勿虑，我先去见见文姜夫人！"

管仲虽然来到鲁国已有很长一段时间，但并未见过文姜，因为文姜是国君之母，为臣子的是不能随便见的。但现在这个事情紧急，他也顾不了那么多了，和公子纠说完，就直奔文姜的宫中。

管仲来到文姜面前，深施一礼，向其问安。文姜也是聪明之人，对于管仲的到来已深知其意。

其实，文姜在得知窃夺齐国大权的公孙无知被除掉后也是非常高兴，一是因为给哥哥齐襄公报了仇，二是因为她也希望齐国能安定下来。

于是，文姜轻启朱唇，对管仲说："早就听说你有匡时济世之能，辅佐纠数年，使纠获益匪浅。今日过来，可是为纠继承君位之事？"

管仲笑着说："早闻夫人博古通今，才思敏捷，今日一见，果然不凡。管仲此来，既为公子，也为夫人。"

"是吗？"文姜哑然失笑，"为本夫人？说来听听。"

管仲说："其一，夫人生于齐，居于鲁。娘家齐国强盛，夫人在外就显荣贵与光彩；反之，齐国衰败，夫人脸面就会丢掉。就如同一棵大树，树壮，则枝叶繁茂，果实丰硕；树衰，则枝叶枯萎，果实干瘪。夫人正是这树上一枝啊。其二，现在有望继承齐国君位的，非纠即小白。假若纠在鲁国的帮助下能即位，将来就会着力与鲁国修好，夫人来往于齐鲁之间也就更加随意而方便了。反之，小白的生母是莒国人，小白再由莒国相助即位，他将来定要报答莒国的恩惠，心中哪里还会有鲁国和夫人的位置啊？其三，齐国是一个大国，夫人可以想想，鲁国是多一个强大的朋友好呢，还是多一个强大的对手好呢？此间种种利害，还请夫人三思。”

管仲一席话说完，文姜频频点头，夸赞说：“真是百闻不如一见，大夫果然满腹韬略。本夫人难以忘怀齐国，我这就去说服我儿庄公，保你们如愿就是。”

见文姜这么痛快地答应了，管仲大喜，说：“多谢夫人鼎力相助，管仲必不忘夫人恩德。”说罢告辞。

管仲走后，文姜赶紧来到鲁庄公的宫中，两人寒暄几句后，文姜就把管仲所说一一说明。鲁庄公极孝，不愿忤逆母亲的意愿。再说，他也算得上一个有为之君，也悟出公子纠与小白二人相比，公子纠即位对鲁国更为有利。于是，他马上点头答应，亲率兵车三百辆，以曹沫为大将，秦子、梁子为左右副将，护送公子纠直奔齐国而去。

再说，居住在莒国的小白和鲍叔牙这天正在厅堂说话，忽然接到高傒派人送来的信，叫他们速速回国，即国君之位。

小白做梦也没想到事情会来得如此突然，他望着鲍叔牙问道：“老师，我回去即国君之位，是不是有违祖制？毕竟还有二哥公子纠呀！”

鲍叔牙嘿嘿一笑，说道：“话倒是不假，可是公子纠怯懦无能，没有治国之道，现在高傒大夫派人前来给你送信，你切不可犹豫，快快启程吧！”

小白听后点点头，但思虑一下又说：“我们虽已得知消息，但在鲁国的公子纠有管仲、召忽相佐，也必定会赶往齐国。如果碰到一起，怎么交代？”

鲍叔牙大声说：“这些不必忧虑，莒国距离齐国比鲁国距齐国要近两百多里地，我们只要走快点，不会落在他们后边！”

就这样，鲍叔牙和还在犹豫中的小白坐上了跟莒国借来的一辆马车，带着一百乘战车风驰电掣般地往齐国赶去。

管仲、召忽和鲁国的车马正浩浩荡荡向齐国进发之时，忽然传来一个快报，说小白在鲍叔牙的协助下也从莒国正向齐国而去。坐在战车上的公子纠听后，大惊失色，连说：“如何是好？如何是好？”

坐在另一辆车上的召忽一时也没了主张，他望着管仲问：“管大夫，别看小白年纪轻，却自幼就有主见，聪慧异常，如若让他抢在前面，我们可就功亏一篑了！”

管仲听后，略一思索，说道：“不必忧虑，我这就去与鲁庄公商量！”说完，往后面走去。

管仲到了鲁庄公跟前，躬身拜道：“君上，管仲现有一事相商，不知可否？”

“管大夫有话，但讲无妨！”坐在车中的鲁庄公欠身答道。

管仲立即说：“刚才探马飞报，说住在莒国的三公子小白业已动身，正前往齐国即位。如果让他前去，双方必有一争……”

鲁庄公一听，感到很诧异，没等管仲说完，就着急地问：“这将如何是好？”

“我已思虑好了，想带领人马前去拦截。”管仲胸有成竹地说，“请君上拨给我一些车马，我到前边将他挡回去！”

鲁庄公随即答应，说：“寡人也随你们前往，虽然寡人的父亲命丧齐襄公之手，但事已过去，寡人也不计较。现在，齐国混乱，寡人焉有不管之理？”说完，安排两百乘车和两千人马跟随管仲而去。

小白他们一众人马正行走间，忽然看见一队战车挡在了前面。

管仲来到小白的队伍前面，首先看到坐在指挥车上的鲍叔牙，赶紧上前一步，拱手致意道：“咱们一别就是好几年，鲍兄一向可好？”

鲍叔牙也在战车上拱手施礼，说：“夷吾贤弟好，甚是想念啊。”

管仲试探着问道：“不知鲍兄和小白带着兵车要到哪里去啊？”

鲍叔牙一听，便明白了管仲的意思，然后说：“天降不幸，齐国大难，二位国君接连被杀，公子小白是回临淄料理君上丧事的。”说着，指指车上挂着的黑幡和身着素衣缟服的公子小白。

管仲冷笑一声，说道：“我看公子小白脸上洋溢着喜庆之色，哪像要回去料理丧事！再说，料理丧事需要兵车戎马相从？鲍兄一向为人忠厚，今日可是言不由衷了吧？”

鲍叔牙正色道：“夷吾贤弟，为兄要问你，你同公子纠回临淄干什么？”

管仲说道：“实话告诉鲍兄，齐国群臣朝议，高、国二位上卿定夺后，派人到曲阜迎接公子纠，鲁庄公亲自率军队送公子纠回临淄，拜宗庙，登大殿，即位。先君的丧事自然由公子纠料理，不需要公子小白操劳了，鲍兄可与公子小白再回莒国，免得发生诸多不快。”

公子小白一听，心里不免有些慌张，心想，公子纠回临淄是正大光明的，即位是天经地义的。但是，公子小白又在心中埋怨起高傒和国子。他想，高傒和国子是德高望重的监国上卿啊，为什么定了让公子纠即位，却又给自己送信。于是，他扯扯鲍叔牙的后衣襟，小声道："老师，咱们……"

鲍叔牙没有理会小白，而是对管仲说："公子小白是先君的同胞兄弟，难道连奔丧的权利也没有吗？"

管仲直接说道："公子小白的阴谋我一眼就看穿了。他是想回临淄争夺君位，行不礼不义之举，天理难容！"

鲍叔牙也毫不隐瞒地说："夷吾贤弟才高八斗，高瞻远瞩，精通治国谋略，对人对物看得入木三分，难道就分不出黑白优劣、贤能昏庸？大齐江山，早已满目疮痍，伤痕累累。如果贤弟又要给齐国送上一个资质平庸的国君，岂不是雪上加霜？"

管仲听了心中一动，然后想，鲍叔牙说的话不是没有道理，可自己与召忽辅佐公子纠这么多年，也绝对不能弃公子纠于不顾呀！想至此，便道："小弟身为公子纠的老师，这些年也尽了心费了力，公子纠已有很大长进，德才兼备，堪负重任。再说，这朝纲伦常，长幼有序，公子纠登位，上通天理，下达民心，这个道理鲍兄应该明白！"

鲍叔牙仰天大笑，说："夷吾贤弟此言，可真有点言不由衷了吧。公子纠乃平庸之辈，夷吾贤弟用'德才兼备'四个字来形容他，岂不是欺骗世人，撒弥天大谎？夷吾贤弟，咱们要以齐国的大业为重，你一向开明，还是与我携手同助公子小白建成大业吧。"

管仲见鲍叔牙言辞坚定，便想以情打动他，于是说："鲍兄，我们各为其主，其中道理我自是明了。但是你我情同手足，今日仁兄高抬贵手，再让管仲一步，与公子小白回莒国去，以后的事鲍兄尽管放心，我会安排好的。"

鲍叔牙似乎受到了侮辱，厉声道："夷吾贤弟说这话就让为兄看不起你了！当日你我共同经商，一分红利，你得七成，我不认为你贪婪；你打过三次仗，却都败了，我不认为你不勇敢；你当过三次官，被赶走三次，我也不认为你平庸无能。可今日你的做法，为兄却鄙视你私心太重。身为七尺男儿，国难当头，你不为齐国社稷着想，却为图私利、为争官位，甘心推一个平庸之辈为君。夷吾贤弟，你是打着仁义之名，行偏私利己之实！既然是各为其主，为兄决不让步！”

鲍叔牙一席话说得管仲脸发烧、耳发热。管仲深知鲍叔牙的脾气，一旦定了的事，他死也不会回头。管仲看了公子小白一眼，忽然计上心来：如果除掉公子小白，那公子纠的君位就再也无人可与之争了。对，一不做，二不休，先除掉公子小白再说。于是，管仲左手悄悄从车上拿起硬弓，右手抽出一支箭，厉声说道：“鲍兄，话说到这份儿上，咱们只好走着瞧了。不过，你这些战车恐怕抵不过鲁庄公的几百乘战车。告辞了，鲍兄！”就在战车掉头的一刹那，管仲挽弓搭箭，“嗖”的一声，箭直射公子小白心口。

说时迟，那时快，眼见着飞箭直奔公子小白胸前而去，只听“啊呀”一声，公子小白应声倒在车上。接着，管仲将手一挥，招呼人马，快速向着临淄大道跑去。

鲍叔牙见状，急忙上前，手抚小白大喊不止：“公子，你怎么样？”接着，又大骂管仲阴险狡诈。

正在着急之时，鲍叔牙忽见小白从车上翻身而起，笑吟吟地说道：“老师勿急，小白安全无虞，不要担忧！”

鲍叔牙大惑不解，问道：“公子，这是怎么回事？你不是被管仲射中了吗？”

“在你们谈话期间，我已窥见这个管仲野心勃勃，必保公子纠争夺王位。他见你我回朝之意坚定，必定心有不甘，所以我处处小心。见他扭身过去，我快速将护身铜镜藏于身上，正好他这支箭射在铜镜之上，故没有伤我分毫！”小白得意地说道。

“我明明看见你倒在了车上呀？”鲍叔牙继续问。

小白又一笑，说道：“我如果不佯装倒下，管仲不还得前来杀我吗？”接着，他看着手中那支箭，箭羽上的“管”字清晰入目，接着他又咬牙切齿地说：“管夷吾，我小白不报这一箭之仇，誓不为人！”

“公子好聪明！”鲍叔牙伸出拇指，以示对小白的称赞。鲍叔牙见小白如此憎恨管仲，不免替管仲暗暗担忧起来，毕竟二人有多年交情，且感情深厚。思绪片刻，鲍叔牙率领车队，又向齐国都城前进。

管仲回到公子纠身边后，说：“请放宽心，小白已被我射死，你就等着回去当国君吧！”

公子纠听后，非常高兴，既然对手已死，齐国国君之位就非他莫属了。此时的公子纠彻底放松起来，高声说道：“这几天，老师及各位为了赶路已经够辛苦了，现在已无后患，就不用那么着急了！”于是，众人放慢了前进的速度。

而公子小白与鲍叔牙带领着军队正急速赶往临淄，到临淄城南门时已是半夜时分。只见城门前亮着几支火把，人影闪动。小白看到这，心中又不安起来，警觉地问鲍叔牙：“老师，城门前的是不是迎候公子纠的人马，他们是来阻挡我们的吗？”

鲍叔牙跳下战车，不慌不忙地说道：“公子不要着急，待我上前去看个究竟便知。”

鲍叔牙来到城门前，看见国子、高傒二位上卿带队站立两旁，躬身便拜：“鲍叔牙拜见二位上卿。”

高傒弯腰扶起鲍叔牙，说道：“请勿多礼，公子小白现在何处？”

鲍叔牙直起身来，用手往后一指说道：“上卿您看，公子不就坐在车上吗？”

国子与高傒听后大喜，立即整衣端冠，向着小白的车子走去。到得近前，二人一躬到底，齐声说道：“公子一向可好？我二人迎接来迟，望乞恕罪！”

小白立即下车来，也向国子和高傒还礼道：“二位上卿不必如此，小白今日归来，以后还得仰仗二位上卿辅佐才是！”

高傒慌忙用手扶起小白，问道：“你可听闻公子纠的消息？”

小白还未搭话，在旁的鲍叔牙说道：“公子纠正在路上。我等与管仲在白水之滨相遇，管仲偷偷射了公子一箭，恰巧射中了公子的护心铜镜，公子才大难不死！”

高傒听后，马上担忧地看着公子小白，问：“可有大碍？”

小白笑着说道：“高上卿勿忧，我连皮毛也未伤着。”

国子拍手惊叹：“公子实有造化，此乃天助我也！事不宜迟，咱们快点进城，明早拜过宗庙，登临君位！”

第二天一早，公子小白在国子、高傒的带领下，先去宗庙礼拜。宗庙内，正中是齐国先祖太公望姜子牙的塑像，两边依次是历代诸君的牌位。

国子、高傒与公子小白在姜太公像前叩首。叩头后，高傒仰头说道：“太公在上，高傒世受周天子恩泽，入朝以来，殚精竭虑，事至周室，从无二心。今天，为了维护太公祖业、周室平安，也为了大齐宏业，特拥立公子小白即位齐国新君，弘扬祖业。拳拳之心，苍天可鉴，望先祖多加庇佑，体恤新君臣民！”

高傒说完后，国子也叩头道：“国、高二氏，乃周天子封于齐国的监国大臣，我等不忍心齐国大权落入平庸之辈手中，故选贤任能，目的在于振兴大齐，继承太公祖业，今拥戴小白继承君位，上承天意，下顺民心，万望太公垂怜庇佑！”

国子、高傒二人叩头完毕，公子小白也随即跪下，一连叩了三个响头，边叩头边说道：“太公在上，国、高二位上卿辅佐小白即位，一为齐国的振兴，二为继承太公创下的祖业。小白一定不辜负二位上卿的良苦用心，尽心竭力维护周王室的稳定，发奋治国，使齐国强盛，百姓安居乐业！”

祭祀完毕，他们来到齐宫正殿，举行登基仪式。尽管国子、高傒早已做了大量的工作，还有大夫隰朋四处奔走，可来参加登基大典的大臣仅仅过半。而且，来的大臣们各有各的想法，一个个缄口不言。因此，大殿里的气氛比较清冷。

这种情形早在国子、高傒的意料之中。这也难怪，按祖制，国君过世后，应由长子继位，长子以后，就是次子，以此类推。现在次子公子纠尚在，继位之事非他莫属，根本轮不上小白。但是，现在国子、高傒二人越过公子纠，扶持小白成为新的国君，可不就是违背了祖制吗？

若是按往昔，新君的登基大典应该是非常隆重的，且仪式繁复。但现在形势紧张，公子纠不定什么时候就要回来，到时必有一场激战，所以，这次即位仪式只能一切从简。

不管群臣有无意见，国子、高傒二人都要保障仪式顺利进行。只见小白身着华服，登台坐到御案之前。大臣们分列左右，左首是上卿高傒，右首是上卿国子，隰朋为司仪。

隰朋高喊“鼓乐齐鸣”后，站在殿后的乐师们打鼓、击磬、吹箫、弹琴，奏起雄壮的齐国礼乐。接着，隰朋高喊：“现在新君登基，众大臣叩首拜见！”

此时，鲍叔牙静静地立在一旁，出神地看着仪式进行。他听到大家齐声高呼：“拜见君上！”这才缓过神来。

小白坐在台上，面带微笑，平静地说：“众卿平身。”

此时此刻，小白心潮澎湃，感激地看着站在首位的高傒、国子二位上卿。他深知，没有这两位德高望重的大臣的扶持，就没有他的今天。二位上卿忧国忧民，这些日子为齐国国君之事已累得眼窝深陷，一脸疲惫。他站起身，说道：“赐高上卿、国上卿座。”

高傒、国子同声道：“谢君上。”然后，分别坐在御座左右两侧。

小白看着分列两班的文武大臣，感到了一股无形的压力。他现在面临的问题十分严峻：一是正从鲁国赶回来的公子纠决不会善罢甘休，很可能挑起一场战争；二是如何安抚这班朝廷大臣，如何在最短的时间内得到他们的拥护。

小白心想，在这些大臣中，关键人物有这么几位：隰朋、王子成父、东郭牙、雍廪、宾须无，他们都是“台柱子”般的人物。东郭牙、雍廪、宾须无对自己成见很深；隰朋、王子成父不成问题，他们与自己感情很好，会衷心拥戴自己。思至此，小白又看着大家，郑重地宣布：“现在寡人业已履新，齐国就要走上一条新的道路，切盼诸位恪尽职守，勠力同心，共建新政。”

说至此，阶下群臣齐声高喊：“谨遵君命，臣等定当尽心竭力，为大齐效劳！”

小白听完，满意地点点头，又说：“鲍叔牙是寡人的授业恩师，恩情似海，终生难忘，今后他就是当朝太傅，他的指令，君臣须得听命。国子、高傒均是齐国的股肱之臣，国政大事，也得仰仗此二位帮助寡人构建宏图，国之上下，也要尊重顺从他们。为了齐国的前途大业，众人唯有勠力同心才是！”

群臣又是齐声答道：“谨遵君上之命！”

小白看看国子、高傒二人，问道：“二位上卿，还有什么要事可讲？”

国子、高傒二人起身施礼，说道：“微臣已无他话可讲，承蒙君上厚爱，我们必为国事披肝沥胆，鞠躬尽瘁！”

两位上卿说完，退至一边，小白又说：“请老师上前，主持仪式。”

站在后边的鲍叔牙一步近前，高声喊道：“今小白即位，以后众人务必尽心辅佐，不可心怀二意，做出不利国家之事！”

鲍叔牙宣布完后，众人再次跪下，高呼：“君上英明，齐国从此有望矣！”

众人朝贺完毕，小白马上吩咐：“王子成父将军，你马上去告知鲁侯，说齐国已立新君，请他速速将军队撤回鲁国。如果他们敢侵犯齐国一步，齐国定将严厉回击！”王子成父接到命令，带着人马而去。

若论辈分，公子小白还是鲁庄公的三舅，二人是舅甥关系。如果是在平常百姓家，双方理应经常来往，互爱有加。可是，现在两国互争利益，不忍不让也属正常。

至此，公子小白正式登上了新君之位，成为姜姓齐国的第十六任国君，史称齐桓公。也正是从此开始，齐桓公开始带领齐国走上同各诸侯国竞争的征途。然而，一切并非易事……

此时，公子纠与管仲正带领着鲁国军队踌躇满志地向着临淄方向行进。公子纠一边走一边思谋着自己当上国君后该怎样修葺自己的宫殿，怎样向人们炫耀自己的威风，怎样实现自己的抱负……他越想越得意，不由得笑出声来。

紧挨着公子纠坐的管仲却与公子纠想的不一样。管仲想的是，如何帮助这个未来的君王将齐国治理好，自己如何发挥辅佐作用，如何尽快改变齐国目前的混乱和衰败状况。

管仲想得最多的还是被自己射杀的公子小白，他想，当时也怪自己过于鲁莽，一箭将其射死，日后免不了要遭到人们的谴责和非议。是啊，小白是个多么聪明、贤能的公子啊。他年纪虽小，但自幼勤于思谋，言行举止常常表现出治世的才能。无论从哪个方面来讲，都比他大哥齐襄公要强得多，更比眼前的这个二哥公子纠强百倍。按理说，自己应当辅佐小白接替君王之位，而小白也是更能胜任此职的人。然而天不遂人愿，自己同召忽却成了胸无大志的公子纠的老师。但转念一想，齐襄公和公孙无知被杀，下任的国君理所当然地要由公子纠来继任，这是伦理使然，谁也不能逆转，所以，鲍叔牙要拥立小白前去继任，自己加以阻挡，也属正常。

思索一番之后，管仲因为射杀小白而不安的心绪才慢慢平息下来。但是，管仲看到身旁的这个将成国君却根本没有任何压力的公子纠的时候，又开始担忧起来，将来让他治理齐国，情况真的能比齐襄公和短命的公孙无知治理齐国更好吗？

就在管仲焦心地思谋着这些事情的时候，忽然听到前面有人向鲁庄公报告说：“禀君上，大事不好了，公子小白已登基做了齐国国君。”

坐在车上的鲁庄公一惊，问道：“什么？你再说一遍。”

来人又重复一遍：“公子小白今日已登基，做了齐国国君。”

公子纠听到来人的话，从车上跳到地上，冲上前去一把揪住来人的衣领吼道：“你一定是弄错了！”

来人吓得后退一步，说道：“全是事实，不能有错。”

鲁庄公挥挥手说：“去吧，再次探听！”

来人飞马而去。

鲁庄公走下马车，来到管仲跟前，惊诧地问道：“管太傅，你看这事儿有可能吗？”

管仲此时比鲁庄公和公子纠更为震惊，这是怎么回事儿？对于鲁庄公的问话，管仲正不知怎么回答时，急红了眼的公子纠冲到他跟前，朝他大声喊道：“你不是说小白被你射死了吗？”

管仲又不知如何解释，过了一会儿，自言自语地说：“这可真是怪了，我的确将他射死了，我看得非常清楚呀！”

正当众人困惑不解之时，远处的旷野尽头，一队车马直向鲁军疾驰而来，一面绣有“齐”字的大旗在战车上迎风飘扬。齐军来到鲁军阵前停下，列成“一”字长蛇阵。王子成父站在车上，拱手向鲁庄公施礼，说道：“齐国将军王子成父拜见鲁侯。”

鲁庄公看向一侧的公子纠，只见公子纠神情惶悚，心中冷冷一笑，就这个样子还想当国君？真是不自量力。他没有起身，只是神情傲慢地说："齐将前来何事？"

王子成父见到这个情形，心中十分反感，但毕竟是前来传达君王之意，也没必要与之争论，于是郑重地说："我受齐国君上之命特来禀报：齐公子小白已拜过宗庙，今天上午登基成为新君，特请公子纠再回鲁国居住，也请鲁庄公将军队撤离齐国土地。"

鲁庄公听王子成父的口气实在不小，心中的怒火顿时升腾起来，高声吼道："不义小白，违逆祖制，篡权执政，有什么资格论长论短？"

公子纠也挥舞长剑向王子成父喊道："小白凭什么即位成为国君？篡权贼子，我和他有不共戴天之仇！"

鲁庄公仍是怒气冲冲，对着王子成父说："将军，此事与你无关，你请回去，寡人就在这里驻扎，与小白兵戎相见！"

王子成父见自己的使命已经完成，也就没有必要和鲁庄公争论什么，于是拱拱手，说道："就此告辞，后会有期。"说完，掉转人马飞奔而去。

王子成父带领着车马走了，走过的土道上扬起一阵尘土。这时，公子纠像一头猛兽，对着管仲咆哮起来："管夷吾，你说小白已成你箭下之鬼，为何死而复生，继承了君位，你居心何在？"说着，抽出长剑，要杀管仲。

立于旁边的召忽急忙阻拦道："公子息怒，此事必定有诈！"

管仲并未理会公子纠的怒火，他静静地望着远去的齐军，对着苍茫的天空长叹："阴差阳错，天意，天意呀！"

此时，被劝到一边的公子纠像只被剔去骨头的羔羊，蔫蔫的没有了一点精神，听见管仲这句话，一下子又像被蝎子蜇了屁股一样，蹦了起来，说："天意？一派胡言！无论从哪方面来说，国君之位非我莫属！如果我当上国君，先治你个欺君之罪！"

这时候，鲁庄公也是满腹火气，对大将曹沫吼道："兵驻此地，坚决与小白决一死战。寡人要让天下人知道篡位贼子的下场！"

曹沫不解地问道："君上，临淄近在咫尺，指日可破，为何要在这里驻扎？"

鲁庄公自负地说："大军连日奔波，疲惫不堪，此地水草丰茂，是屯兵之良地。寡人在此养精蓄锐，以逸待劳，定能稳操胜券！"

在旁静观此景的管仲本想劝解一下，但看看色厉内荏的公子纠、目空一切的鲁庄公，想说的话到了嘴边又咽了下去，只是长叹一声……

鲁庄公被管仲的叹息激怒了，他冷笑道："看来，号称'智囊'的管太傅也无任何良策，眼下只会叹气了！"

管仲此时不得不搭话了，他说："管仲失误，被小白营造的假象所蒙蔽，实在罪不可赦，可在下还有一言，不吐不快。小白虽然篡位，但齐国并不安定，众大臣也不会衷心拥戴他。如果鲁侯快速带兵到临淄城下，城中肯定有人迎接，那么推翻小白就指日可待了。可如果不迅速攻城，而在这里驻扎，就会给小白以喘息之机。等小白安抚了人心，调动齐国千乘兵车来迎战，恐怕对鲁侯大大不利呀。"

鲁庄公看了管仲一眼，说道："哼，若依照管太傅之言，小白已死于白水之滨，哪里来的兵车战事？"

鲁庄公说的讽刺揶揄的话语让管仲满脸羞惭。此时，他为鲁庄公的刚愎自用而焦灼万分，也为自己的无能为力而痛心疾首。

王子成父回到临淄后，如实地汇报了公子纠和鲁庄公的强硬态度，齐桓公听了不由得担心起来。他毕竟初登君位，执掌大权，对于政事并无经验，于是问鲍叔牙："太傅，鲁国如此张狂，咱们怎么应对？"

鲍叔牙笑着说："君上勿忧，常言道'兵来将挡，水来土掩'，他们如果来犯，咱们就同他们决一死战！"

齐桓公点点头，又担心地说："寡人刚立为国君，国中人心未定，不知能不能取胜？"

鲍叔牙安抚道："胜负全在人为，可以想象，鲁军远道而来，人困马乏，乃疲惫之师，只要我们集中精力，用心对待，战胜他们易如反掌，只是……"说到这里，鲍叔牙止住了，不再说下去。

"只是什么？太傅有何担心，快请说出！"见鲍叔牙把话咽进去一半，齐桓公着急地问道。

鲍叔牙见齐桓公着急了，于是说："现在管仲尚与鲁庄公在一起，如果他被鲁庄公重用，怕是对咱们不利！"

"寡人看他也是空有虚名，他管仲能有多大能耐？他用箭射杀寡人，不是也被寡人给蒙骗了吗？"齐桓公见鲍叔牙在担心管仲会对他们不利，不以为然地说了这番话。

"君上错矣！"鲍叔牙马上反驳齐桓公的话，"上次您被射杀，主要还是因为衣带上的铜镜，所以才没有伤及性命。管仲这人，臣非常了解，他自幼熟读兵书，精通战策韬略，不论为谁所用，都是取得胜利的保证！"

"好了，不论管仲多么厉害，寡人也难忘一箭之仇，太傅，你就统派兵马吧！"齐桓公有些不耐烦地说。

鲍叔牙无奈，只得下令，王子成父率领右军，雍廪为副将；东郭牙率领左军，隰朋为副将。碍于与管仲的交情，鲍叔牙没有给自己做出安排。这时，齐桓公急了，忙说：“太傅，你率领中军，作为总指挥，以高黑为副将，率队一起杀向鲁军！”

鲁庄公自以为兵强马壮，十分傲慢，根本没有把齐军放在眼里，认为只要自己亲自率队攻打临淄，必定旗开得胜，将小白撵下台，让公子纠继任。

鲁国的军队正在乾时驻扎休息。鲁庄公正做着美梦，忽然听见外边一片喧哗，杀声震天，火光四起。大将曹沫慌忙闯进帐中报告：“君上，不好了，齐军已到，先锋高黑在营门外挑战！”

鲁庄公翻身而起，先是大吃一惊，随后神情自若地说：“不必多虑，莫要惊慌，要沉着，估计骚扰我们的是一小股齐军。你快准备迎战，先歼灭这股敌人，临淄城中自然胆寒。”

夜色朦胧中，鲁国将士慌忙披挂整齐，列阵迎敌。这时，鲁庄公也登上战车，来到阵前大喊：“齐国将领听着，你们杀死公孙无知，本应公子纠继承君位，为何把小白扶上君位且又向我们进攻？这是大逆不道。”说罢，挽弓搭箭，对准高黑射去。

高黑知道鲁庄公箭不虚发，急忙躲开，迅速后退。鲁庄公见高黑走了，以为他怕自己，手一挥说：“曹沫，快追！”

大将曹沫立即出战，直追高黑。高黑回头迎战，两人死命拼杀，战了几个回合，不分胜负。曹沫越战越来精神，高黑掉转马头便走，曹沫策马追赶，不久便进入鲍叔牙设下的包围圈中。

鲍叔牙从小就和管仲一起研究兵法，对战术非常精通，也非等闲之辈，早已布下了天罗地网，专等“鱼儿”进网。鲍叔牙见曹沫进入包围圈，大喊一声：“杀！”四处杀声震天，火把齐明，如同白昼。鲍叔牙策马冲了上去，挽弓搭箭，对准曹沫就是一箭，正中曹沫左肩。曹沫大吼一声，拔出剑向着鲍叔牙直冲过来。鲍叔牙早已做好准备，见曹沫前来，又是一箭，正中其右肩。这时曹沫两肩负伤，疼痛难忍，慌忙冲出重围逃命去了。

这边，鲁庄公怕曹沫抵挡不住，忙调兵遣将，前来接应，刚走不远，忽听四面鼓声齐鸣，杀声震天，鲁军被团团包围起来。原来，这是齐军的左、右军两个副将隰朋和雍廪所率的军队，他们按照鲍叔牙的指挥，早就在两旁的高地埋伏起来，专等鲁军进来。当鲁军全部进入阵内，齐军前堵后截，四面包抄上来，包围圈越来越小，鲁庄公四面受敌，心中慌乱，鲁军也乱作一团，各自逃命。齐军个个奋勇争先，冲入敌阵，直杀得鲁军尸横遍野，未被杀死的也都身负重伤。

鲍叔牙威风凛凛地站在战车上观阵，他见鲁军大败，急忙传令：“活捉鲁庄公者赏以万家之邑。”

军令如山，一呼百应。齐军中立即爆发出震动天地的呐喊声：“活捉鲁庄公，回去领赏！”

鲁庄公听到齐军呐喊，望着气势汹汹包抄上来的齐军士兵，仰天叹了一口气，说：“寡人命休矣！”

正在危急时刻，鲁将梁子急忙跳到鲁庄公车上，取下绣有“鲁”字的黄旗插在自己的战车上，并让鲁庄公脱下衣服自己穿上，然后让鲁庄公杀出重围，速速逃去。

这时天已经大亮，齐将雍廪见插有“鲁”字大旗的战车来回驰骋，急忙带人一拥而上，将扮作鲁庄公的梁子活捉。雍廪大声喝道：

“鲁庄公快快投降，饶你一命！”说完，挺着长矛冲上前去。

这时梁子从车上站起，不慌不忙地说：“将军且慢，我不是鲁庄公，是鲁将也，我君早已走远了！”

雍廪听罢，不由得怒火满腔，往前一跳，将梁子打倒在地，而后，兵丁一拥上前把梁子生擒活捉。

再说鲁庄公急匆匆逃命时，忽然看见前方尘土飞扬，不由得大吃一惊，正准备命令手下掉转马车再逃时，忽见前方战车的大旗上绣有“鲁”字，不由得转忧为喜，高兴地对手下说：“自己人，快迎上去！”于是，手下人策马驱车，向前驰去。

原来是管仲来了。管仲早已料到定会遭到齐军袭击，所以提前做好了防御和接应鲁庄公的准备。在鲁庄公率队追击齐军时，管仲率领军队往后退了几里地，隐蔽在一个低洼处，并派探子到前边探听消息。当他知道鲁庄公遭到袭击时，就急忙带领军队前来接应，正好碰到狼狈逃窜的鲁庄公，见其衣冠不整，发髻飘散，心中暗暗发笑。见到鲁庄公后，管仲急忙上前向鲁庄公施礼问候：“鲁侯怎么这般模样？”

鲁庄公见是管仲，不由得面带惭愧之色，沉痛地说：“兵力已损失十之七八，这次惨败，全怪我无能！”

管仲慌忙上前，扶鲁庄公下马车，安慰道：“君上勿急，咱们从长计议。目前，我军兵力损失惨重，战斗力也已经丧失，必须迅速撤军，保存兵力要紧，以待来日复仇！”

鲁庄公慌乱地坐上管仲的马车，气喘吁吁地说：“事到如今，也只能这样！那就赶快撤退吧！”

谁知刚走不远，前边又出现一片喊杀之声，接着，一支擎着

“齐”字大旗的队伍突然拦住去路。定睛一看，原来是齐将王子成父、东郭牙率领的齐军正杀气腾腾地从两旁包抄过来。打斗之中，幸好带伤的大将曹沫拼死相救，方使鲁庄公冲出了重围。鲁庄公冲出重围后，齐军又集结了几支队伍，向着鲁军追杀过来。

这个时候，鲁庄公已是一副丧家之犬的模样，惊慌不已，失魂落魄。他沮丧地大喊道：“难道寡人要死在这里不成？”

紧紧跟随的管仲上前拽住鲁庄公的马车，说道：“君上请勿慌张，臣有一计，敌兵必然退去！”

“快说，什么计策？”鲁庄公说。

“就是将咱们随身所带的辎重，特别是值钱之物，全部扔在地上！”管仲胸有成竹地说。

“啊，这是个什么计策，我们把东西扔了，就能活命？亏你还是个有名的能人！”鲁庄公大声吼道。

此时，管仲也不和鲁庄公计较什么了，继续说道：“君上，您说是东西重要，还是性命重要？”

“当然是性命重要！”鲁庄公没好气地说。

“既然如此，把随身的东西全部扔掉，臣保证再没齐军追杀咱们！”管仲斩钉截铁地说。

很快，大家都遵照管仲的说法，把值钱之物统统扔在道路两旁的草丛中，扔完，大家快速向前逃去。

当紧紧跟在后面的齐军追到这里时，见到满地的值钱之物，谁也不再去追敌人，而是蜂拥着去抢这些东西。这也难怪，齐国连年内战，经济崩溃，百姓穷困潦倒，士兵们也是如此，而今见如此多值钱的东西丢在路上，谁还有心思去追杀敌人？于是，士兵们一哄而上，相互争夺，甚至动起武来，尽管将领们再三擂鼓促战，但也无人听令，一时间，齐军乱作一团。

就这样，齐军失去了大好时机，鲁国君臣安全快速地逃回了鲁国，而这全都得益于管仲想出的这条妙计啊。因为这场战斗发生在乾时，史称“乾时之战”。

二、有求则进，无欲则废

| 管仲成功拜相 |

“乾时之战”是齐桓公即位以来，同其他诸侯国进行的第一场战斗。这场战斗使当时国力比较强盛的鲁国遭到了重创，也使齐国在诸侯国间有了一定的威望。

齐桓公为了鼓舞士气，振奋军威，巩固自己的君王地位，在战斗结束后的第二天就大宴群臣，论功行赏。

在热热闹闹的酒宴前，齐桓公双手高举着酒爵，面向大家，掩饰不住内心的喜悦，朗声说道：“诸位爱卿，参战的将士们，昨日乾时之战，大家勠力同心，奋勇战斗，直打得鲁军落花流水，败退而逃。今日特摆下盛宴，作为对血洒疆场的将士的追念，也作为对全体参战将士的犒劳！”说完，首先转着圈将一爵酒洒在地上。继而，齐桓公又斟满一爵，面向大家，朗声说道：“大齐将士，各位爱卿，咱们新朝刚建，初次征战，业绩辉煌，寡人不胜感激，大家共同举爵，一饮而尽，以示庆贺！”说完，仰脖喝下。

见国君如此高兴，酒席上的群臣顿时欢呼起来，大家推杯换盏，喝彩连声，喜庆的气氛飞出门外，直上晴空。

喝了一阵子后，齐桓公又道："此次乾时大捷，大破鲁军，国人大快，寡人高兴。只是，尚有一耻未雪。"

此言一发，热闹的气氛顿时安静下来。有人问道："君上战绩辉煌，何耻之有？"

齐桓公拿着饮尽的酒爵，激动地说道："当日，寡人自莒国赶回临淄，在白水之滨曾与管仲相遇，一言未了，他射了寡人一箭，若不是寡人机灵，必死他手。这一箭之仇，如不报复，难为人间一君也！"

"对，君上所说极是，应当把管仲捉来，斩首示众，以雪此耻！"

"应该以牙还牙，将他万箭射死，以解您的心头之恨！"

"杀死管仲！"

齐桓公的话得到了众人的响应，特别是雍廪，更是想出高招，他说："君上挨了管仲一箭，不仅是您的耻辱，也是齐国的耻辱，依末将之见，应当在宫前立一个柱子，就叫'耻辱柱'，将来捉住了管仲，把他绑在这个柱子上，让他万箭穿心，一雪此辱！"

齐桓公听了这话，站了起来，举着酒爵，高兴地说："谢谢诸位卿家，管仲是我们共同的敌人，酒席散后，雍爱卿负责把耻辱柱竖起来。为将来捉住管仲，为齐国雪耻，大家再干一爵！"

众臣举爵，齐声喊道："干！"

众人情绪高涨，兴高采烈地喝着酒，唯独有一人默不作声，那人就是鲍叔牙。他望着神采飞扬的齐桓公，看着阵阵起哄的群臣，想着自己的挚友管仲接下来的处境，心中一股酸楚涌了上来。

战斗结束后的第三天，齐宫门外立起一根高大的木桩。此桩高有八尺，碗口粗细，是用去了皮的松木做成的，上面刻着“耻辱柱”三个大字。在立柱的时候，齐桓公带头，鲍叔牙、隰朋、雍廪等大臣们相随，大家共同铲土立柱。立好以后，齐桓公从侍从手中拿过那支刻有“管”字的箭，挂在了柱子上，远远看去，清晰醒目。齐桓公说道：“管仲，这支箭，寡人今日挂在上边。此柱立于天地之间，上可昭于日月，下可慰于黄泉，用它时刻提醒寡人报仇雪耻，仇人不除，国无宁日！”

立完了柱子，众臣都各自回到府上，唯有鲍叔牙还心事重重地站在原地。他想：齐桓公对管仲恨入骨髓，这是多么可怕的事情啊！若论国危，当前积怨深重的鲁庄公，还有屈居鲁国的公子纠，他们才是刚刚复苏的齐国的大敌。管仲仅是护卫公子纠的老师而已，如果能把管仲引到国君近前，为齐国出力，那可真是齐国之幸。不行，我一定要前去劝解齐桓公，以消除他对管仲的成见。

晚饭以后，鲍叔牙便来到齐桓公的宫中。见鲍叔牙这个时候来访，齐桓公很是惊奇，忙站起身来相迎，说：“哎呀，太傅夜晚来访，定有要事相商吧？”

鲍叔牙躬身施礼道：“君上，今日臣看众人把仇恨的目光都投向了管仲，这是相当危险的呀。当前，齐国的首患应当是公子纠，不除掉他，齐国就会面临覆亡的危险！”

齐桓公听了，频频点头，说道：“太傅所说非常有理，今日寡人已看到，有些人确实是趋炎附势之徒。管仲确使寡人非常愤恨，但大患并不是他，而是公子纠！”

鲍叔牙一听这话，心中大为吃惊，忙说：“君上，微臣没有想到您想得如此透彻清晰，实属难能可贵！”

鲍叔牙的话并不是对新君的吹捧，而是由衷地表示钦佩。鲍叔牙心想，看来自己的担心确实多余了，相信齐桓公日后定是一位明君。

鲍叔牙正在沉思，齐桓公忽然问道："太傅，除掉公子纠，你有何高见？"

鲍叔牙想了一下，说道："臣有一计，乾时之战，鲁庄公已吓破了胆。如今东郭牙率齐军已攻占汶阳，若大军向前推进，直逼曲阜，公子纠的死期也就到了。"

"太傅的意思是让鲁庄公动手除掉公子纠？"齐桓公问道。

"对，这样对君上的威望也不会有损伤。不过，君上既然在天地之间立起了耻辱柱，管仲就一定要活着回来。"

"对，寡人一定要管仲活着回来。寡人要用他的这支箭，把他钉死在耻辱柱上。"齐桓公的态度仍是那么坚决。

鲍叔牙心想：不怕，只要能叫管仲回来，我就有办法叫他不死，并且让他成为齐国的顶梁柱。鲍叔牙还未说话，齐桓公又问道："要想说服鲁国，太傅觉得谁去合适？"

鲍叔牙略一沉思，说道："君上，臣认为派雍廪大夫最为妥当。"

齐桓公当即答应："太傅所说有理，寡人明天就命雍廪去鲁国。"于是，雍廪肩负着齐桓公所派的使命，前去鲁国说服鲁庄公。

乾时之战，鲁军溃败，元气大伤。回到曲阜后，懊恼的鲁庄公将一切怨气撒在公子纠身上，经常对他大发脾气。而公子纠更是十分懊恼，一边忍受着鲁庄公的冷遇，一边咬牙憎恨公子小白。他一连几天茶饭不进，只顾长吁短叹。

此时，管仲的情绪比他们好不了多少，他虽然帮助鲁庄公平安归来，可鲁国损失了大量的兵力和财物，鲁庄公整天黑着脸，并不待见他。他最后悔的是，当初办事太鲁莽，一气之下，射了小白那一箭。如果一箭绝命，还倒好说，可是没承想小白命不该绝，机灵地躲过一箭。

管仲也清楚地知道，自己辅佐的是公子纠，所以就得效力于他，忠诚于他，也是基于这一点，方造成了这个致命的错误。现在看来，当时自己本不该辅佐公子纠的，因为公子纠的为人比他那个糟糕的大哥齐襄公强不了多少，也是怯懦无能、心胸狭窄之辈，根本不是成大事之人。现在，自己的挚友鲍叔牙拥立了小白即位，可以实现他的人生抱负了，倒是要为他高兴了。

管仲在院子中来回踱步，仆人喊他吃晚饭他都没理会。他抬头看着天空，一轮上弦月挂在东方天际，旁边的几颗亮星闪烁跃动，像是在讥笑他的无能。他继续想着，齐桓公一定不会忘记他的一箭之仇，这个仇结恐怕短时间内不会解除。唉，他跺了跺脚，他自幼饱读诗书，熟谙人间世事，早有报国之心，谁料如今走到这个地步，有国难回，客居他处，国人不喜，外人不爱，真正是走到了人生低谷。今后路在何方？命运怎样？一切都难预料！他又长叹一声，事已至此，只有听天由命了。

此时，公子纠的心情更糟了，眼看到手的君位让小白夺去了，他恨得咬牙切齿，恨不得剥了小白的皮，剜了小白的心。听到管仲在院中长吁短叹，他恨恨地骂道："都说你管仲聪明，结果还不是上当受骗？留下小白后患无穷！"

除他们以外，还有一个难受之人，此人就是和管仲一起辅佐公子纠的大夫召忽。召忽心地善良，待人诚恳，他看看神情恍惚的管仲，再看看颓丧憔悴的公子纠，自己也是心如刀绞。他打起精神，双手捧着一铜盘饭来到公子纠面前劝道：“公子，胜败乃兵家常事，小白大逆不道，绝没有好下场。公子您保重身体要紧，大丈夫报仇，十年不晚，咱们再想办法把君位从小白手里夺回来。”

此时，心中焦躁的公子纠哪有心思吃饭，他挥手将饭盘打翻在地，指着管仲和召忽大骂：“你们两个酒囊饭袋，一个口出狂言，一个唯唯诺诺，成事不足，败事有余！”

召忽后退一步，惭愧地说道：“微臣有罪无能，愧对先君嘱托！”

管仲听到这话，虽然反感，但也没有任何辩解，只是不予理睬，仍旧默默地在院里踱步。

公子纠见管仲根本不理自己，更是怒火中烧，指着管仲骂道：“好你个管夷吾！光会说大话，说什么让小白一箭致死！如果你那么有能耐，小白早就成了箭下之鬼，怎会出现如此局面！”

管仲看了他一眼，仍是没有吭声，走了几步说：“天意，天意呀！”

一听这话，公子纠像一头被激怒的公牛，望着管仲咆哮道：“纯属糊弄人的天意，天意应该是我当国君！”

召忽见公子纠这个样子，唯恐公子纠和管仲二人之间出现矛盾，小心劝解道：“公子息怒，过些日子，咱们再请鲁庄公出兵，把君位从小白手里夺回来就是！”

公子纠这时更是怒火冲冲，对召忽吼道：“夺什么夺，乾时一战，鲁军几乎全军覆没，鲁庄公有能力再出兵助我？”

召忽无可奈何地说：“国子、高傒、东郭牙、雍廪这些人都是小人，他们密谋杀了公孙无知，明明知道你才是应该回去即位的人，却又反过来帮助小白，真是大逆不道！”

公子纠的怒气并未消减，他说："你们不是我的老师吗？你们说，我该怎么办，我该怎么办？"

自乾时之战后，鲁庄公整日魂不守舍，那日要不是梁子将军以命相救，他早已死在异乡了。他的耳旁时常响起齐军那震天动地的喊杀之声，晚上老做噩梦，每次都吓出一身冷汗，且一连十几天都没有上朝。

今日早起就有人通报，说齐国大军长驱直入，已经逼近曲阜。鲁庄公听后，身上又出冷汗了，一点都不想动弹，可是再不愿动弹，也得强撑着上朝理事。他精神恍惚地坐在御案前，举目望去，两边站立的群臣，一个个蔫头耷脑，活像霜打的茄子，没有半点精神气。

鲁庄公干咳了一下，说道："各位爱卿，可有事情上奏？有的话马上奏来！"

话音刚落下，大臣施伯出列，双手呈上一件帛书，说："君上，齐使雍廪带来齐桓公帛书一封。"鲁庄公知道绝无好事，便没有伸手去拿，对施伯吩咐道："你就念念吧！"

施伯点头答应，展开帛书念道："鲁国庄公殿下：古之有训，家无二主，国无二君，寡人已奉宗庙，登临君位，然公子纠欲行争夺，天地不容。寡人念在手足之情，不忍动手加以杀戮，望你代寡人将其处死。另有管仲、召忽，乃忤逆寡人之贼，国之公敌，你们务必将二人生擒，押来齐国，寡人将亲手处之！"

鲁庄公听后，如雷轰顶，没想到自己的这个三舅如此无情，于是两手一摊，说道："这怎能使得？"

大将曹沫听后来了气，大声道："杀公子纠就是灭我鲁国志气，长小白威风，乾时之仇未报，齐军又占我汶阳，我们要再杀公子纠，可真是一败涂地了！”

施伯是鲁国的智谋奇才，他不同意曹沫的观点，摇摇头道：“将军难道不知齐军已兵临城下，乾时之战，我方惨败，小白能在两天内收服人心，证明他绝非平庸之辈，公子纠远不可比。齐国国君之位对公子纠来说，已是根本不可能的事了。”

曹沫是个心性耿直之人，他见施伯如此唆使鲁庄公，气愤地说：“堂堂鲁国，怎能背信弃义？想当初咱们是如何答应公子纠的，现在又想弃他于不顾，这不正随了公子小白的心愿吗？末将情愿以死相拼，与齐军决一胜负！”

施伯捻着胡须，冷冷地笑道：“曹司马勇气可嘉，你的心情也可以理解。但你有没有考虑到，齐国几百乘战车摆在城下，难道就因为一个公子纠，就要毁了鲁国的千秋功业吗？”

施伯的话语铿锵有力，非常在理，说得众人无言可答。鲁庄公犹豫不定地看看大家，殿中一片死寂，无人说话。

施伯见火候将到，就接着催促道：“君上，当断不断，必受其乱，为了鲁国的大业，您快决断吧！”

鲁庄公考虑再三，最后长叹一声，说道：“寡人无能，为了鲁国的社稷和百姓不受兵马之祸，只好听从施大夫所言，遵从齐桓公所议，除掉公子纠！”

施伯见鲁庄公下了除掉公子纠的决心，高兴地说道：“君上圣明，如此鲁国有望了。臣还有一事，就是管仲也不可留，此人乃经国旷世之才，虽射杀小白不成，属千虑一失。而且管仲与鲍叔牙相交甚笃，人称‘管鲍之交’，齐国无人不晓。鲍叔牙是小白的老师，这次小白篡位成功，有鲍叔牙一半的功劳，如果管仲回到齐国，鲍叔牙一定会舍命保荐管仲。从乾时之战来看，这小白也非等闲之辈，万一他听了鲍叔牙的话，重用管仲，对鲁国就大大不利了。依臣之见，此人无论如何不能活着回齐国去。”

鲁庄公扬了扬齐桓公的信，焦急地说：“可是，齐桓公信上明明白白写着，要亲手杀死管仲，报那一箭之仇。如果咱们将他杀害，违逆齐桓公之意，恐怕将招来祸害！”

施伯见鲁庄公优柔寡断，也没有反驳他，想了一下说：“好，谨遵君上圣谕，先留管仲一命！”最后，带着人直奔公子纠住处。

守在公子纠身边的管仲和召忽见到施伯和几个武士气势汹汹的样子，已经明白将要发生什么了。召忽往前一步，厉声喝道：“你们意欲何为？”

施伯冷冷一笑道：“奉鲁庄公之命，来取尔等性命！”

召忽听到这里，手指施伯大声骂道：“你这个奸佞小人，为何蛊惑鲁庄公，非得杀戮我们？你收了小白多少钱财？”

施伯见召忽如此一说，心中一动，解释道：“召大夫所说错了，这全是你齐国小白的决断，鲁国如不按他的意愿执行，鲁国百姓定遭劫难，所以，你们要怨恨，就怨齐桓公吧！”

公子纠一听，气得跺脚大骂：“畜生小白，如此无情无义，不仅篡夺君权，还来杀戮兄弟，他将来必遭天谴！”

没承想公子纠现在这样诅咒齐桓公，日后这诅咒竟成真了，一代治世明君齐桓公不知是因为手段残忍而受报应，还是因为历史的发展趋势所致，最后确实没有好下场——惨死在小人之手。这是后话，暂且不表。

召忽见事情已无挽回的余地，低着头向公子纠三鞠躬，而后大声喊道："公子，召忽无能，不能挽回局面，愧对先君所托，先行一步了！"说完，撞墙而死。

公子纠一见这个局面，早已吓得缩成一团，面无血色。此时的施伯像一头猛兽，扑向公子纠，左手捏住公子纠的鼻子，右手将带来的一壶鸩酒灌进公子纠的口中。瞬息之间，公子纠口鼻流血，中毒身亡。

这一切都被站在一旁的管仲看得清清楚楚，但他无能为力，也不知自己的命运如何。他心想，"我绝对不能像召忽那样自绝亡命。"所以，他待在一旁，静观其变。

施伯走到管仲面前，说道："管太傅，你与召忽共同辅佐公子纠。召忽是条好汉，忠心耿耿，不事二主，必将永垂青史，千古留名。现在，公子纠已去，召忽也已殉主，不知管太傅作何打算？"

管仲平静地说："施大夫，生杀大权握在你手中，管某悉听尊便！"

施伯狡黠地一笑，说道："管太傅，实言相告，齐桓公因那一箭之仇恨你恨得咬牙切齿，他已在官门外立起了一根耻辱柱，要你活着回临淄，用你射他的那支箭亲自把你钉死在那根柱上。照我看，你回去也是个死，在这里也是个死，与其回去受尽耻辱再死，不如像召忽这样，殉主而死，青史留名！"

管仲何等的聪明，他知道自己的挚友鲍叔牙辅佐齐桓公登临君位，一定会替自己说话，解救于自己，所以无论如何自己也得活着回去。想到这里，他对施伯说道："我管夷吾，生是齐国人，死是齐国鬼，宁可回国粉身碎骨，也不愿在这里留个全尸！"

施伯听后，心中暗想，叫管仲回去，不啻放虎归山；不放他回去，鲁庄公又已放出话来。不如先应付一下吧！于是，他挥挥手，吩咐手下："把管仲关进死囚车。"

接着，施伯找到雍廪，对他说道："雍大夫，我家君上已遵照齐桓公主张，将公子纠处死，召忽当场殉主，撞墙而亡，管仲已被关进死囚车，现在你可回去复命了。不过，你要坚守信用，尽快退兵！"

雍廪和施伯一起来看管仲。雍廪看看囚车内的管仲，对施伯说道："请转告鲁庄公，我们君上一向最讲信义，我等一到临淄，立即退兵。"

"很好，雍大夫，今天天气很热，晚上早早休息，明早再走吧！"施伯临走时说。

"谢谢施大夫关照！"雍廪双手作揖。他送走施伯后，回到囚车旁边，说："管太傅，请珍重，好生待着，咱们明天回齐国！"

管仲点点头，看了一眼施伯的背影，说道："雍大夫，我有一言，鲁国是不会轻易放我活着回去的。"

"管太傅，你怎么知道？"雍廪急忙问。

"鲁庄公倒是比较诚实，只是施伯不是寻常之人，且为人狡诈，他知道我回去不见得会丧命，活下去对他们也没有好处，所以，他还得加害于我！"

雍廪一听，不安地说道："你说怎么办好？"

管仲当即回答："绝对不能在此留宿，须得马上启程，赶回临淄，只有这样才不会发生变故。"

这次雍廪来鲁国前，鲍叔牙对他特别交代过，一定要带活的管仲回来，如有不测，唯他是问。雍廪也知道管仲与鲍叔牙的关系，堪比亲兄弟，而且，鲍叔牙协助齐桓公登临君位，立了大功，这相国之位非鲍叔牙莫属，所以，他必须把管仲活着带回去。

雍廪心里有数，不管怎么说，齐桓公和鲍太傅都要活的管仲回去，因此，保证管仲的安全是他当下最大的责任。虽说他对管仲了解不深，但对管仲的判断能力还是非常信服的，于是决定采纳管仲的意见，立即启程。

雍廪安排人找了一辆空囚车放在原地，并扎了个草人，且把草人装扮一番后放进里面，而后用黑布蒙好，装作管仲坐着的样子，临走时还留下两名副将，观察鲁国的动向。

启程时，雍廪心想，都说管仲料事如神，这次倒要看看，事情是不是真如他预测的那样。

此时，正当夏末秋初，天气仍是十分炎热，道路两旁的庄稼还未成熟，在一阵热风的吹拂下，庄稼叶子唰唰作响。雍廪等人行走在土路上，汗流浃背，心情烦躁。

坐在囚车里的管仲因为活动受限，更是热得浑身难受，衣服被汗水打湿，湿漉漉的全都贴在身上。当然，那些推着囚车的士兵们也不轻松，每个人都是气喘吁吁，苦不堪言。

正在这时，两匹快马从后面追了上来，到得雍廪车前，来人滚鞍下马，其中一个副将上气不接下气地说："我俩遵照大夫的指令，在原地守候，到了半夜时分，忽听外面有动静，只见两名刺客身着黑衣，手持利剑，从墙上跳下，扑向那辆空了的囚车，对着囚车里边的草人就刺，一连刺了七八剑。接着，其中一名刺客说'不好，上当了！赶快禀报施大夫'。如果管太傅在车里早就被刺死了。"说着，这个副将把大拇指高高竖起来，又说："雍廪大夫真是有先见之明！"

雍廪听完禀报，佩服地看了管仲一眼，心中也为之一震，默默地想：你们说错了，有先见之明的人不是我，而是囚车中的管仲。然后，他大手一挥，高声喊道："将士们，加把劲，无论如何，天黑之前都要离开此地！"

众人听后，擦擦脸上的汗水，弯下腰，继续推着囚车，顶着烈日前进。

当时，正值雨后，路面并未完全晒干，坑坑洼洼的土道上泥泞难行，大家累得筋疲力尽，要想快起来，实在不易。

推车的将士们又累又渴，但比囚禁在车里的管仲要好受得多。别人累了可以自由活动一下，而管仲在囚车里手脚都不得自由，当然更加难受。囚车慢腾腾地前进着，管仲心中焦急起来，他清楚，当施伯知道上当以后，定不肯罢休，还会追杀过来，如不快走，还会有更大的危险，可是，众人精神不振，必然影响前进速度。他想了一下，高声说道："各位将士，据我所知，过了前边的一座山头，有一片开阔之地种满了西瓜，旁边还有一条河流。我这里有一块玉佩，能值一些钱，等到了那里，用它去换西瓜给大家伙儿解渴，然后大家再洗洗澡，便会凉爽起来！"

这些推车的将士们正渴得嗓子冒火，一听说前方有西瓜可吃，还能洗澡，顿时来了精气神。接着，管仲又在车里哼起了曲子，引得众人都跟着哼了起来，一时间缓和了将士们的烦躁情绪，囚车前进的速度也明显加快了。

此时，有一个非常聪明的偏将看管仲绝非一般人，想着他日后必有出头之日，所以掏出自己的牛皮水壶，把里面仅剩不多的水给了管仲喝。管仲喝完后，点点头，以示谢意。然后，这个偏将马上说："假如你到了齐国没被齐桓公杀害而又得到重用，能不能提携我一下？”管仲看他一眼，断然说道：“就看你有无能力，有能力，一定加以重用；如果庸庸碌碌，无才无能，我决计不予搭理！”一番话说得这个偏将无趣而回。

作为督军的雍廪看到这个场面，对管仲愈发佩服起来。雍廪想，若是按照人情常理，人们对于施恩之人都不会忘记，甚至会加倍回报，可是，管仲不以私恩为重，而是以有无报国能力为报答条件，可见他真是个难得的人才呀！如果他有机会辅佐一位君王，定能顶天立地，干出一番大事。好，回国后，我一定尽力而为，保他不死，让他为齐国效力。

囚车终于过了一个山头，大家并没有见到那片西瓜地，却看见前面立着的一块界石，上面清晰地刻着“汶阳”两个字。雍廪高声大呼：“诸位，齐国到了，我们再也不怕鲁国追兵了！”

话音刚落，听得前边传来一片人喊马嘶之声，定睛一看，原来是大将王子成父带着人马来迎接了，双方聚在一起，畅谈起来。

原来，雍廪带着人马走后，齐桓公在这边也焦急起来：不知公子纠的事情处理得怎样？管仲能不能被带回来？后来，他与鲍叔牙一商量，决定叫王子成父带兵在汶阳地界等待迎接。但当听到公子纠已被杀之时，他心中还是有了一丝的悸动，这不正是兄弟相残吗？

就在此时，鲁国方向的道路上正扬起一阵尘土，原来是施伯带着人马追赶而来。好不容易追赶上了，却看到齐国两股人马聚在一处，施伯知道已没有机会再杀管仲，只得拨马而回。

自雍廪奉诏去鲁国后，心情最为焦躁的一个人就是鲍叔牙。鲍叔牙焦躁，并不是担心不能杀掉公子纠，而是担忧管仲的安全没有保障。鲍叔牙这次授命雍廪带兵前往鲁国，临行前特意吩咐雍廪，一定要将管仲活着带回来。当时，雍廪有些不解，问鲍叔牙："管仲活着回来，君上也要将他射杀呀，不如让他死在鲁国，免得回来受辱。"

鲍叔牙看了雍廪一眼，反问道："雍大夫，你说管仲此人如何？"

雍廪回答说："末将略知一二，听说他有经天纬地之才、匡扶治国之能，可并未见过。"

"确实如此，我对管仲非常了解，他只要能回得来，我定要说服君上留他性命，让他为齐国效力！"鲍叔牙告诉雍廪。

当时，雍廪点点头，说道："谨遵太傅之命，一定保管仲全身而归！"他走了几步，回过头来又问："敢问太傅，您与管仲关系怎么如此亲密？"

鲍叔牙沉吟一会儿，说道："说来话长，待你回来，咱们再详谈吧。"

雍廪点头答应，带着队伍走了。

公元前723年冬天，淮北平原颍河岸边的颍上有一户贫困人家，男主人姓管名严，他和妻子二人居住在一间低矮的茅草房里。男主人管严为人老实，仅靠着耕种河边的二亩瘠薄土地为生，生活过得很贫苦。

这天夜间，天气寒冷，管严把屋子里的火烧得很旺，因为他的妻子在一个时辰前刚生下一个男孩。孩子出生时，十分瘦弱，个子很小，但哭声响亮，两只小眼睛炯炯有神，干瘦的小手来回摆动，像是要找什么东西。

夫妻二人非常喜爱这个孩子。也难怪，他们二人现在都已四十出头，曾经生过两个孩子，都因为患病夭折，现在有了这个孩子，当然十分珍惜。两人说好，无论生活多么艰苦也一定要把这个孩子抚养成人。他们给这个孩子取名夷吾，字仲。

管仲在贫穷的家庭中渐渐长大，别看他整天吃的是粗茶淡饭，却长得眉清目秀，一双又大又亮的眼睛聪慧有神。管仲七岁时，人们都劝管严夫妇给孩子请个老师教他学习文字，可管严总是说：“这年头，吃了上顿没下顿的，哪还能请得起老师，还是让他种庄稼吧！”于是，每逢田间劳作时，管严总是让管仲跟在他旁边，所以，管仲从小就爱上了种庄稼，并养成了热爱劳动的好习惯。

管仲是个心细的人，总是留心观察周围的一切事物，对什么事都感到好奇，遇到不解的事就要问个“为什么”。比如，春天，庄稼为什么是绿的，到秋天为什么又变黄了？天上的小鸟为什么会飞？蚂蚱为什么会飞又会蹦？蛇无脚为什么跑得也很快？牛羊为什么吃草不吃肉？猫狗为什么吃肉不吃草？月亮为什么有时圆有时又缺少一块？关于这些，父亲有时会给他解释，有时也说不知道。凡是不知道的，父亲都说是老天安排的。

听见父亲这样回答，管仲又问：“老天在哪儿？你见过吗？老天为什么有那么大的本事？”这样一问，又把父亲逼问到了死角。

有时候父亲实在不知道如何回答，就会训斥管仲一顿。但管仲不灰心，继续去问别人。管仲就是这样一个人，对于一些问题，他不弄个明白是不会罢休的。

管仲不明白秋后收的粮食为什么要交给官府，于是问父亲：“自家种的粮食为什么要交给他们？”父亲要去官府服徭役，他不让父亲去，说：“为什么要给他们干活？”春天，家里穷得叮当响，没有饭吃，他总是怨父亲把粮食交给了官府。他时常对父亲说：“你把粮食交给了官府，我长大后，不但不交，还要叫他们把粮食还给我们。”父亲听了儿子的这些话，总是骂儿子狂妄。

一次，管仲跟母亲去挖野菜，他望着南飞的大雁问母亲：“现在大雁为什么往南飞，要飞到什么地方去？”母亲耐心地告诉他，大雁要飞到很远的地方，要飞遍五湖四海，飞到天涯海角。管仲听了，感慨地说：“做只大雁多好啊，能飞到千里之外。”母亲说：“好孩子，你要像大雁那样，展翅千里，不要像家雀一样绕梁旋转，不离家门。”母亲的谆谆教诲，使管仲从小就树立了远大的志向。

管仲的母亲是个有见识的人，她经常给管仲讲大禹如何治水、武王如何伐纣、周幽王如何亡国等故事，教育管仲要做个有用的人，要做个为民造福、顶天立地的英雄。母亲讲的这些故事，管仲都愿意听，而且记得十分清楚，还能加以评判。对于母亲讲的郑庄公掘地见母一事，他的看法与世人大相径庭。

郑庄公名寤生，其母生他时遭遇难产，所以不太喜欢他。但其母非常宠爱他的弟弟段，甚至千方百计想让段取代郑庄公的位置。于是，郑庄公设计逼段兵败自刎，他还立下誓言，与其母“不及黄泉，无相见也”，后又后悔，才有了“掘地见母”的故事。

这天，母亲问管仲：“如果你是郑庄公，你会如何处理与弟弟和母亲的关系？”管仲说：“郑庄公很聪明，他弟弟段要推翻他，抢他的君位，他设计逼段自杀，比他亲自杀段要高明得多，可他对自己母亲的做法就不妥当了。他母亲是不对，不该因为自己的喜恶干预社稷大事，可母亲就是母亲，即使他当上了国君也还是他母亲的儿子。因此，他立下黄泉才见面的誓言就不对了，做得太绝情了。”

母亲听管仲这么一说，又惊又喜，笑道：“夷吾儿，看来你以后会有出息的。”

管仲八岁时，已经是个很懂事的孩子了。他除了懂得种地以外，对于养牛、养羊、养蚕也都很精通，他经常帮助父母干些力所能及的活儿。但是，他的志向不是种地养蚕，而是做一个文武双全、治理国家、扭转乾坤的人，因此，他想学武识字，可是他哪有这个条件。

于是，管仲每天晚上就拿着父亲的剑，在房后、河边或者树林里耍来耍去，边耍边思索如何才能进攻、如何才能护身。他从小就试着拉父亲打猎用的弓箭，起初，由于力气小，怎么也拉不开，为了能尽快地练好射箭，他就刻苦地锻炼臂力——用手掌托起十几斤重的大石头，后来终于练得可以拉弓射箭了。他还在房屋的墙上画了很多圆圈，当作靶子，一有空就练习射箭，久而久之，房屋的土墙壁被他射得到处都是窟窿。起初，父亲也没在意，后来见屋墙被射得破破烂烂，才狠狠地训了他一顿，从此，他再也没有往墙上射过箭，而是以树叶当靶子。再后来，他能射得很准了，而且能射中百步之外树上的叶子。

因为没有钱读书，管仲经常在学堂外面偷听老师讲课。一天，学堂的老师看到管仲在窗外偷听讲课，就把他叫到跟前，问他为什么不来上学。管仲低声告诉老师，因为家中穷，没有钱交给老师。老师看看他，随便问了几句自己教给学生的知识，管仲马上正确地回答了出来，老师感到很是惊奇。接着，老师又问他学会知识后干什么，管仲此时已经不再胆怯，痛快地回答“要为国家出力”。好一个响亮的回答，一个小孩，能够如此回答，实属不易。老师听后非常高兴，当即答应不收他的学费，让他天天到学堂来听课。也就是从这天起，管仲能够和鲍叔牙一起听课学习了。

人们常常以一个人写出来的字的好坏来衡量其有没有才华。管仲在练习写字时也非常刻苦，每个字都写几十遍，不写好不罢休。当其他同学下课玩耍时，他也不闲着，而是找根树枝在地上练字，因此，在学生中他的字写得最好。对于学习的各种知识，管仲都用心思索，因此老师非常喜欢他，并把他作为重点培养的对象，恨不得把所有的知识都教给他。老师还把自己珍藏多年的典籍都借给他阅读。那时的书都是用竹片和绳子连成的，一卷书就有好几斤重。

管仲除了学习功课外，还阅读了大量的历史、地理、天文、兵法、诗书等方面的经典书籍。他都是在夜间阅读这些书的。那时候没有电灯，照明全靠松明子，由于松明子很贵，管仲就自己到山坡上砍些松树枝，一根根削好后点燃供照明使用。正因为他如此刻苦用功地学习，他积累了许多知识，谙熟了治国、治民、治兵等良策，为以后成为齐桓公的股肱之臣打下了坚实的基础。

在管仲来学堂之前，鲍叔牙是学生当中的佼佼者，很受老师的器重，但自从管仲来了以后，他发现管仲各个方面都比自己强。一般来说，一个强者遇见比自己还强的人，必有妒忌之意，会想方设法地加以排挤。可是，鲍叔牙正好相反，他非常高兴能遇到管仲这么一个出类拔萃的同学。

鲍叔牙的家境比管仲富裕，他在上学的时候就经常帮助管仲。他把用麻绳串在一起的刻有字的竹板书籍借给管仲阅读，还经常从家中拿一些食物给管仲吃。他总是高兴地说，这是对管仲的鼓励。

对于这样一个好友，管仲在感激的同时，也会尽己所能提供帮助。当时，学堂中有个姓丁的王侯子弟仗着家中的势力，经常欺负鲍叔牙和一些性格软弱的孩子。一天，这个姓丁的王侯子弟又联合其他人把鲍叔牙打得鼻青脸肿，管仲知道后，就想了一个法子来治这个家伙。

丁家的宅院旁边住着一位上大夫，这人是个职位很高的朝官，势力比丁家大得多。上大夫家养有一条黑狗，特别凶狠，遇见生人就会扑上去撕咬。这天放学后，管仲找鲍叔牙要了一包肉骨头，然后悄悄溜进上大夫家中，并将肉骨头扔给了黑狗。黑狗一见有肉骨头，立即扑上去一个劲地猛啃。黑狗刚吃完肉骨头，那个仗势欺人的王侯子弟也正好放学回家，管仲把门一开，黑狗立即冲了出去，把这个王侯子弟扑倒在地，准备撕咬之时，管仲和鲍叔牙拿着木棍跑了过来，大喊着将黑狗打跑了，这个王侯子弟才得以脱身。自此以后，这个姓丁的王侯子弟见到管仲和鲍叔牙两个人总是千恩万谢，再也不欺负鲍叔牙了。

一年夏天，管仲和鲍叔牙带着几个小青年去到离家五十里地远的海边挑盐。他们每个人都挑了百十来斤的盐，在返回的途中路过一个村庄，因为太累了就纷纷放下担子在一户人家门前歇脚。此时，天渐渐黑了下来，大家知道，如不按时回到家中，路上遇到强盗就会人财两空。

怎么办？鲍叔牙犯了愁，他去找管仲商量。管仲摸摸脑袋，看着面前的这户人家，只见门前的篱笆围得严严实实，一个圆形粮仓在院内竖着，还听见里面有两位老人在说话，大意是想叫孩子们过来议事。听至此，管仲忙说："有了！"于是，他大声喊道："你们这家是不是死人了？门口怎么不挂灵幡？"

他这么一喊，屋中的老两口听得一清二楚，这时一个六十多岁的老人拿着木棍跑了出来，高声骂道："哪里来的杂种，前来捣乱，看我不打折你的狗腿！”

看到老人骂着出来了，管仲也高喊：“快跑吧，不然就要挨打了！”

一看到这个情景，这些歇脚的小青年再也不顾疲劳，急忙挑起盐担子，飞也似的跟着跑远了，日头没落就平安地到了家中。

经过这两次事件，鲍叔牙知道管仲是个聪明智慧的人，对他佩服得五体投地，从此，两个人的友谊愈加深厚了。

公元前707年，这年秋天，周桓王率领诸侯讨伐郑国，各诸侯国之间发生了混战。郑、齐、鲁三国联合伐宋，百姓死伤无数，人们为了保住性命，纷纷逃亡外地。管仲的老师也逃往齐国，临走时给管仲和鲍叔牙留下了许多书籍，并嘱咐管仲和鲍叔牙找机会到齐国谋生。

因为战乱，管仲和鲍叔牙失学了，但他们并未放弃学业，而是走上了自学之路。他们两个在鲍叔牙家一起刻苦学习，研究兵法，有时候还一起吃住。时间一长，管仲发觉鲍叔牙家也不太富裕，于是就提出了合伙做生意的想法。可是做生意需要本钱，鲍叔牙说这个不用发愁，他可以到亲戚家去借。很快，二人一起做起了小买卖。起初，他们从附近的颍河买些粮食、布匹、食盐之类的东西，然后拿到西边的许国以高价卖出。后来，他们的生意越做越大，开始贩卖牛、羊、驴、马之类的牲畜。由于运作得当，一年过去，二人赚了许多钱。

每宗买卖做下来后都要分钱，由于管仲家中较贫困，每次都比鲍叔牙多分得一份。鲍叔牙的手下感到不公平，经常抱怨说做买卖管仲分文不出，分钱时还要多得，天下哪有这般道理？每当这时，鲍叔牙都会开解大家，说管仲家贫困，老母又身患重病，急等钱用，多给他一些有何不可？再说大家都是朋友，朋友就得真心实意，别说是做买卖挣了钱，就是不挣，朋友有难，还得无私支援呢！一席话说得众人心服口服，管仲知道后更是感激不尽。

这就是历史上流传下来的“管鲍分金”的故事。

这年秋天，他们又到齐国去买盐。他们装了两马车的盐，本想运到陈国赚大钱，谁知途经鲁国时正遇到鲁国大军侵犯郏国，他们就被鲁军抓去充军，编到了鲁军营中。

管仲看到战场上双方的士兵各拿着刀枪剑戟，相互刺杀，不是你死就是他亡。战斗结束后，又是尸横遍野，血流成河，他被这种悲惨的场面所触动。他在心中想，这样互相残杀，死的都是无辜的士兵，得利的却是那些王侯达官，有什么意义呢？所以，每当进攻时，他的箭总是向天上射，冲锋时总是缩在后边，见敌人冲过来了，就拔腿向后跑。

为此，管仲常常被别人讽刺挖苦，说他打仗不勇敢，是个怕死之人。每次，管仲都是付之一笑，不加辩解。他想，在这样的战争中无声无息地死了，实在不值得，况且他和郏国一无仇二无怨的。其实，管仲倒是对鲁国非常仇恨。管仲心想，为了战争，鲁国抢了我们的车、马、货物，再为他们拼上性命，家中多病的老母谁来奉养？再说，年纪轻轻就死了，那扭转乾坤的凌云壮志如何实现呢？

当听到别人说管仲的闲话时，鲍叔牙总是为管仲辩解：“谁说管仲贪生怕死！那是因为他家里有老母重病在身，他得保住自己的性命回去奉养老母。说实在的，像他那么勇敢的人，天下难找，你们认为他真不敢打仗吗？那是因为这种战争不值得他去拼命！”

管仲听了鲍叔牙的这些话，仰头向天，感动地说：“生我者父母，知我者鲍叔牙也！”

后来，管仲和鲍叔牙带着自己的手下逃出了鲁国，来到宋国国都商丘，见城门上贴有招贤的告示，两个人商量了一下，打算去试试。谁知到了宫中，他们一下子就被宋庄公看中了，因为管仲提出了富国强兵的措施，很得宋庄公的赏识。可是，宋国的相国是个嫉贤妒能的人，怕将来管仲、鲍叔牙的地位超过自己，于是就在宋庄公面前说他们的坏话，说绝对不可重用他们。管仲得知这个情况后，感到在宋国难以得志，于是就和鲍叔牙一起离开了宋国，直奔陈国的国都宛丘。

到了宛丘，陈国的国君陈厉公倒是很热情地接待了管仲和鲍叔牙，并许诺封他们为大夫，还让他们到公馆住下。

管仲和鲍叔牙在公馆里等候了半个月，也没有听到什么动静。管仲对鲍叔牙说：“据我所知，这个陈侯也是个气量狭小之辈，不可能任用贤人。退一步说，即使咱们被封为大夫，在他手下也不可能有什么作为，还是到蔡国去吧！”于是，二人趁着夜色直奔蔡国国都蔡去了。

到了蔡国，管仲见宫廷豪华，但和蔡侯谈话时，蔡侯自始至终不谈政治，不谈富国强兵和治理国家的事，尽谈如何选美女、如何造宫殿之事，而且一谈起来就没完没了。管仲听了很是腻味，知道蔡侯是个碌碌无为的酒色之徒，就不愿再和他谈论什么。谈话结束时，蔡侯叫人送给管仲、鲍叔牙每人五百两金，管仲和鲍叔牙坚持不要，第二天两个人就离开了蔡国，回颍上继续做生意去了。

管仲和鲍叔牙做生意，走遍天下，他们北到燕国，南到楚国，东到海滨，西到秦国、晋国。管仲是个细心的人，他每到一处都仔细地了解那里的风土人情，对各地的地形、道路、河山、矿产、气候、农牧等情况都进行详细的考察，并画了很多幅地图，标上各种记号。鲍叔牙明白管仲为什么要做这些，他知道管仲胸有鸿鹄之志，将来这些资料会有大的用处。

管仲虽有鸿鹄之志，但现在却成了齐桓公的阶下囚，面临着被处死的下场。管仲和鲍叔牙两个人的交情如此深厚，鲍叔牙为他担心也是合情合理的。

鲍叔牙想，怎么搭救管仲呢？他不仅和自己交情深厚，而且是个非常有志向的人，他腹有韬略，心怀天下，如果就这样死在箭下，岂不是太可惜了吗？再说，他当时辅佐的是公子纠，为了表示忠心，除掉对手也属正常，有什么不可饶恕的呢？鲍叔牙越想越焦心，寝食不安，头上添了不少白发。

前方的探马已经回报，押解管仲的囚车过两天将到国都，得赶紧想出办法，让齐桓公摒弃前嫌，赦免管仲的死罪。鲍叔牙想啊想，正挠头的时候，忽然从外面进来一个士兵，传令说："太傅，国君说有话要对您讲！"

鲍叔牙一听，顿时有了主张，忙答应："好，你先走，我随后就到。"

传令士兵走了，鲍叔牙整整衣装，向着宫廷匆匆而去。到了宫廷后，鲍叔牙直接来到齐桓公跟前。见过礼后，还没等鲍叔牙说话，齐桓公就问："太傅，寡人听说你近日身体欠佳，是否痊愈？"

鲍叔牙躬身答道："是的，因为一事忧心，故不思美味佳肴！"

听至此，齐桓公问道："何事如此忧心，不知寡人能不能替你分担？”

“君上错了，臣是替您担心！”鲍叔牙回答道。

“啊？所为何事？”齐桓公惊问道。

“当前有一件大事必须马上定夺，不然影响社稷安危！”鲍叔牙郑重其事地说。

“记得还在莒国的时候，君上曾对臣说过，您即位后的第一件事情就是起用治国人才，现在一切就绪，对于起用人才之事不知您有何打算？”鲍叔牙又接着说。

鲍叔牙说完后，站在一边观察齐桓公有何表示。可是，齐桓公却误解了鲍叔牙的意思，以为是因为没有拜他为相而前来追问。齐桓公心想，是的，这个相国之位非鲍叔牙莫属，如果没有他的相佐，小白绝对没有今天，如果不把这个位置给他，实在于理不合。于是，齐桓公笑道："太傅不必着急，寡人永远不会忘记太傅的恩德，待处理完几件事后，就选个吉日良辰正式拜太傅为相。"

鲍叔牙一听，马上说道："君上误会微臣的意思了，臣的意思是选择人才，不是为了自己。君上，齐国连年战乱，各国诸侯看不起咱们，北面山戎还不时骚扰，国力空虚，民不聊生，君上接过来的是一个烂摊子，百业待兴。臣忧心忡忡，急得夜里睡不着，就是担心君上身边没有得力助手。君上尽管英明，可没有人辅佐，难免势单力薄呀！"

齐桓公一听，诧异地说道："寡人已有太傅辅佐，定能振兴齐国，还要找哪个更好的人呢？"

鲍叔牙摇摇头道："君上如果只想平平稳稳当国君，无风无浪坐享君位，那么，臣虽然愚钝，也聊可充数。若是君上有远大志向，想富国强兵，称霸中原，成为一代明君，那臣就不能胜任了！”

听至此，齐桓公开始有了兴趣，问道：“太傅有何见教？”

鲍叔牙道：“君上的臂膀，必是相国，而这个相国的人选须能内安百姓，外抚四夷，勋加于周王室，泽布于诸侯。只有这样，齐国才能坚如磐石，国君威加四海，功垂金石，名扬千秋！”

“太傅此言倒是非常在理，可是，到哪里去找这样的人呢？”齐桓公忙问道。

鲍叔牙见齐桓公已切入正题，心中暗喜，就说道：“这相国人选远在天边，近在咫尺！”

“在哪里？寡人怎么没有看见？”齐桓公急切地问。

“臣说出来君上不要着急，他就是快要押解到此的管仲，管夷吾！”鲍叔牙语气坚定地说。

“谁？太傅，你说是谁？”齐桓公简直不敢相信自己的耳朵，静了一会儿，突然发出一阵大笑，说：“太傅，你是与寡人开玩笑吧？”

鲍叔牙郑重地说：“臣辗转反侧，思虑再三，才决定荐举，管仲是做相国的最佳人选！”

听至此，齐桓公严肃起来，说：“太傅，想必你不会忘记吧，管仲那一箭险些将寡人射死，如果不是巧妙掩饰，寡人恐怕已不在人间了，这仇寡人不会忘记。难不成太傅是因与管仲有兄弟之交，才让寡人认敌为友吗？”

鲍叔牙直了直腰板，说道：“臣心中坦坦荡荡，一没糊涂，二没私心，完全以大局为重，以齐国社稷为重。君上要因时、因地、因人而看待管仲。人臣各为其主，管仲射君上一箭，正像臣向君上献计借鲁庄公之刀除掉公子纠一样，同样是赤胆忠心，这一点，君上想必应该明白！”

鲍叔牙的话语铿锵有力，齐桓公愣了一会儿，接口说道：“可管仲想把寡人置于死地！”

“可臣已经把公子纠置于死地了！”鲍叔牙回答说。

齐桓公又说：“寡人既然活着，就应当报一箭之仇呀！”

“正因为君上还活着，并且登上君位，所以管仲更应该被赦免，以前管仲能忠于公子纠，以后也会同样忠于君上。君上放心，他这个人一向忠心为主，来到咱们这里，只要诚心对他，他绝对能够成为股肱之臣，帮助君上称霸诸侯！”

齐桓公又道：“所有大臣中，太傅是最忠诚、最可靠、最有才能的人，寡人要拜太傅为相国。寡人相信太傅能帮寡人得天下，也一定能助寡人治理天下。”

“君上此言差矣，臣与管仲相比，就如荧荧之火，比之月亮；矮矮蒿草，比之大树。论才论德，臣远不及管仲！”鲍叔牙继续说。

齐桓公不解地看着鲍叔牙，心想：他今日怎么了？寡人已明明白白地告诉他要拜他为相了，怎么还这么固执？

鲍叔牙见齐桓公没有回答，继续说道：“臣认为管仲是天下奇才，臣有五个方面不如管仲：一是治理齐国，需要高瞻远瞩，需要气魄大、胆量大，臣不如管仲；二是制订政策，要能调动老百姓的积极性，而且要能使百姓很快地从政策中得到实惠，臣不如管仲；三是治理国家，要按君上的意见，上下协调一致，又不失原则，臣不如管仲；四是率军要军令严明，治军有方，训练出一支攻无不克、战无不胜的军队，臣不如管仲；五是当今周天子势力日衰，各诸侯国各有打算，制订外交政策收服各路诸侯，臣不如管仲。除此之外，还有许多，如果臣不向君上荐举这样的奇才，小者是臣嫉贤妒能，大者则是臣不忠不义，是欺君之罪也！”

齐桓公越听心里越烦，拂袖而起，说：“太傅，不要再说了，道理再多，也抵不过这一箭之仇，寡人就不相信，没有管仲，寡人就不能称霸中原！”说罢，回后宫去了。

鲍叔牙轻叹一声，他知道，说一次是不会有效果的。不过，序幕一旦拉开，就得抓紧了，以免夜长梦多。

过了两天，齐桓公正在批阅奏章，忽有人报，雍廪带领人马押着管仲已来到宫门外。

齐桓公急忙放下奏章，接见了雍廪，并问道：“雍爱卿辛苦了，这次出使鲁国，情况如何？”

雍廪躬身回答道：“臣奉君上之命去取管仲，施伯诡计多端，先是用激将法想让管仲像召忽那样自杀，此计没成；晚上又派两名刺客暗杀，要不是臣早有防备，就是十个管仲也被杀光了；暗杀不成，施伯又亲自带兵来追杀，要不是王子成父将军接应，管仲早已命丧黄泉了。”

齐桓公点点头，又问：“施伯为何要杀害管仲？他与管仲有多大的仇恨？”

雍廪回答：“施伯与管仲无仇无恨，施伯是怕管仲。他知道管仲是天下奇才，如果让管仲活着回到齐国，得到君上重用，那就对鲁国十分不利了。故此，施伯宁可让管仲死掉，也不能让齐国重用管仲！”

听了雍廪的话，齐桓公若有所思，挥挥手，雍廪退出殿去。

怎么雍廪所说与太傅说的相差不远呢？难道管仲真有这么大的

才学？齐桓公正在思索之时，侍者进殿道："回禀君上，鲍太傅有急事求见。"

齐桓公停下思绪，告诉侍者："传太傅觐见。"

话语刚落，鲍叔牙急步进来，躬身施礼道："臣鲍叔牙叩见君上。"

齐桓公欠身问道："太傅进宫，有何急事相商？"

"十万火急！"鲍叔牙快速地答道。

齐桓公一听急了，忙问："什么事如此着急？太傅快讲。"

鲍叔牙调整了一下情绪，道："今年秋粮遭灾歉收，饥民到处都是，逃离齐国已有近千人，若处理不当，会影响齐国的社会秩序。北部的山戎又来骚扰，抢我财物，掳走妇女，这些事情搞得臣焦头烂额。臣求君上赶快赦免管仲，让他帮臣一把，以扭转这个局面。"

齐桓公愤然道："难道没有管仲，齐国的社会秩序就没法维持了？"

鲍叔牙也坚定地说："君上，臣为管仲一事，全系出于公心，前日为此事话已说尽。臣再说一句，君上要杀管仲的话，就先杀臣吧！"

齐桓公吃惊地问："太傅何出此言？"

鲍叔牙愤然道："眼看天下奇才被杀，治国贤才不得重用，是臣无能，臣还有什么颜面活在世上！君上若非要杀管仲，臣定要同管仲一起去死。没有管仲就没有齐国的霸业，无霸业还要我鲍叔牙何用！恕臣无礼了，告辞！"说罢，拂袖而去。

齐桓公愕然地看着鲍叔牙的背影，陷入了沉思。其实，这些天来齐桓公并未闲着，为了鲍叔牙的提请，齐桓公已先后征求了高傒、国子、隰朋、王子成父等人的意见，询问了有关管仲的一切情况。正如鲍叔牙所说，这个人真是个奇才，如果重用他的话，他定会发挥其非凡的治国之能。齐桓公听了大家的意见以及雍廪回来说的话后，几近打消了杀掉管仲以报仇雪恨的想法。今天又看到鲍叔牙坚决的态度，齐桓公更坚定了留下管仲的决心。但是，他已是一国之君，曾在众人面前发誓要管仲的人头，并且还在宫门外立下了耻辱柱，齐国人都知道他要杀掉管仲，假如轻易更改，日后定会失去民心。齐桓公权衡再三，试图寻求一个既不杀管仲又能使自己不失颜面的办法。

第二天，齐桓公传旨意，要当众射杀管仲。消息一出，宫门外的耻辱柱前人山人海，众多臣民都来看个究竟。当然，这里面也包括鲍叔牙。

面对此种景象，鲍叔牙面孔冰冷，一言不发，他想，恐怕以后就不能辅佐齐桓公了，只要管仲一死，他就辞官回家赋闲养老，绝对不能同这个君主共事。

此时，齐桓公已经披戴整齐，手持弓箭，对准绑在耻辱柱上的管仲高声喝道："诸位臣民听着，今日是寡人报仇雪恨之日，若是管仲罪有应得，就让寡人一箭结束他的性命；不然，就是他命不该绝！"说罢，挽弓搭箭，朝着管仲射去。

按道理，齐桓公所站的地方距离管仲也就百米之遥，以齐桓公的箭术，绝对百发百中，大家都认为管仲必定性命不保。谁知就在齐桓公拉弓之时，他身子趔趄一下，离弦的箭飞出后，"咚"的一声射在了管仲背后的柱子顶上，管仲毫发未损。

见此情况，众人一起欢呼："管仲命不该绝矣！"鲍叔牙快步上前，解开管仲的绑绳，快速将他放了下来。

齐桓公用这个招数确实蒙骗了包括鲍叔牙在内的众人。但是，管仲头脑十分清醒，他心中想，这个小白真不简单啊，这种不失颜面的做法非一般人能够想到。

这时候，齐桓公严肃地说："还是管仲命不当绝，偏偏寡人一时头晕，没有射中，也许这是天意！寡人说过要报一箭之仇，但既然一箭未中，就是老天要留管仲。寡人不是夏桀，更不是商纣王，寡人是齐国光明磊落的国君！白水之滨的一箭之仇，今日就算了结，日后绝不再追究！"说完，扔掉大弓，转身离去。转身那一刻，他也为自己导演的这出戏和戏中自己的上乘表演而得意！

齐桓公是我国历史上有作为的君王，他能够慧眼看人，能够倾听他人的宝贵意见，也能够从国家的整体利益出发，不计私人恩怨，选贤任能，因而最终成就了一番伟业。

这件事后，管仲除了感激好友鲍叔牙的倾力相救，更为齐桓公的大度和气魄而折服。他想，齐国的三个公子，老大齐襄公奢靡成性，只知花天酒地，根本不考虑国事，成了短命的君王；老二公子纠，华而不实，听不进忠言相劝，最后在异国被杀；只有这个老三小白，年纪不大，却能知人善任，审时度势，能在是非曲直面前保持头脑清醒，实在不简单。唉，悔恨当初一时糊涂，箭射小白，险些铸成终生遗憾。好吧，看看他日后是否重用我，能否给我施展才华和抱负的机会了。

这天，管仲正在沉睡之际，忽听到下人来报，说有人登府拜访，于是他急忙翻身而起。只听门外有人喊道："好个管夷吾，你以为没事了，竟大睡不止了？快快起来，有要事相商！"

原来是好友鲍叔牙，管仲没来得及穿鞋，光着脚就去迎接。

管仲见到鲍叔牙立刻伸手相迎，说道："鲍兄起早登门，小弟实在吃罪不起！"

鲍叔牙说："无须客套，你还是准备一下，君上要见你！"

听鲍叔牙这样一说，管仲心中一惊。管仲心里清楚，齐桓公已经不计前嫌，原谅自己对他的冒犯，这虽然是好友鲍叔牙的功劳，但若不是齐桓公胸怀宽阔，恐怕自己还是难逃一死。齐桓公能原谅自己，说明就有任用自己的可能。皆因于此，管仲方放下心来，睡了一个好长时间没有睡过的安稳觉。谁知，齐桓公这样心急，这么快就要召见他。

其实，齐桓公从鲍叔牙和群臣口中已经得知管仲有经天纬地之才，要想治理好国家，必要将他招揽至身边。故此，齐桓公决定重用管仲，但觉得事先还是有必要摸摸他的底，于是打发鲍叔牙去叫管仲过来面谈。

管仲跟着鲍叔牙来到了齐桓公的宫中，只见齐桓公精神抖擞，气宇轩昂，虽然年龄不大，但就他的气势和形象来看，绝非平庸之辈。

管仲看到齐桓公，急忙上前，跪倒在地，说道："罪民管仲拜见君上，多谢君上不杀之恩！"

齐桓公从座位上站起来，笑着说道："管夷吾请起，事已过去，无须重提！"接着，让管仲坐下，又说，"从今往后就不要客套了，你今回到了齐国，得到了太傅和众臣的荐举，望你与大家勠力同心，协助寡人治理齐国！"

管仲站起来欠身答道："承蒙君上厚意，管仲乃一粗俗之士，何德何能来至您的面前？”

听完这话，齐桓公微微一笑说：“管夷吾不要过谦，想当年你辅佐公子纠，不是有壮志雄心吗？”

尽管齐桓公面带微笑说这话，可这话的份量着实不小，言外之意：你能够辅佐我的二哥，为什么到我这里就推辞呢？很明显，这是一种威胁和施压。

管仲刚要回话，旁边的鲍叔牙沉不住气了，没好气地说：“管夷吾，你不要再支吾搪塞，君上招用你，是你之幸，你还有何话可说？”

于是，管仲躬身施礼，说道：“君上既然如此看重管某，我若再次推却，就将成不义之人了！”管仲站起来，沉思一会儿，又说：“不论从哪个方面来讲，公子纠都难以与君上匹敌，将来成就齐国大业，非君上莫属。但是，若要国家长治久安，强盛无敌，在讲究德、义的同时，还必须具有战略眼光，一要强国，二要联盟，三要称霸。所以，君上必须有一定的决断力，而且也一定要起用贤人相佐。”

看来，管仲的思想包袱已经卸下了，不然，他不会侃侃而谈。听到管仲这样说，齐桓公并未搭话，而是让管仲继续说下去。

管仲接着说：“从前，我们的先王周昭王和周穆王效法先祖文王、武王，以成其名，将国内那些德高望重的老人立为国人效仿的典范，以提高人们的道德水平，用赏赐劝勉好人、刑罚惩治坏人，从而更好地治理国家。”

齐桓公听到这里，很感兴趣，于是进一步向管仲请教治国之方。管仲提出了一整套的治国方案，齐桓公听后，对管仲佩服得五体投地，此时也才真正明白为什么鲍叔牙会如此推崇管仲了。

接着，齐桓公又向管仲请教安邦之策，问道：“国家怎样才能安定富庶？”

管仲响亮地回答道：“您能建立霸业，国家就能安定；建立不了霸业，国家就不能安定。”

齐桓公此时想的是如何尽快地稳定齐国局势、保住君位，至于建立霸业之事，还没来得及想，毕竟刚刚即位不久。所以，齐桓公说：“说实在的，寡人并没有那么大的雄心，只求国家安定。”

管仲说道：“既为国君，仅仅满足于守位，没有成为霸主的雄心是不行的呀！”

齐桓公仍没有听进管仲的话，还是说：“寡人不行！”

管仲听齐桓公这样说，气愤地说：“君免我一死，是我的幸运。但要我为您所用，您就得听从我的见解。如果不行，在下只得告辞了！”说完就往外走。

齐桓公见管仲已走到了大门口，忙叫住他说：“先生勿急，快快回来！”

管仲停住了脚步，转身回来。齐桓公说：“如果你一定要坚持，那寡人就努力图霸吧！”管仲躬身再拜，起来后说：“今天您同意开展霸业，那我就可以秉承君命了。”

接着，管仲又从当前的状况谈了今后该怎样稳固齐国形势，怎样汲取齐襄公和公孙无知等人失败的教训，以及怎样在诸侯之间成为霸主等事，且谈得十分透彻，令齐桓公茅塞顿开。齐桓公听完管仲的一番论述，抚掌一笑说：“夷吾所说让寡人受到了很大的启迪，那就按着太傅和诸位大臣的荐举，委任你大夫之职！”

管仲听到齐桓公此言，感到非常高兴。鲍叔牙更是满心欢喜，他哈哈大笑，接着说：“君上如此，齐国有望矣！”

就这样，在谈话后的第二天，齐桓公与群臣在朝内议事时当众宣布任管仲为大夫。群臣欢呼，管仲急忙跪倒在地，以谢恩典。从此时开始，管仲成了齐桓公麾下的一名重臣。这既说明齐桓公能知人善任，也表明管仲的才能开始慢慢展现出来。这也为管仲日后施展抱负，辅佐齐桓公称霸诸侯，奠定了坚实的基础。

一天，齐桓公召集诸位大臣议事。他满面春风，踌躇满志地说：“两百多年前，周天子封先祖齐地，当时就有一言，五侯九伯，如有不尊朝令者，由我齐国负责征伐，以巩固周室天下。当初先祖奉命执行，四海升平，人心归顺，国力充盈。后来，各代相传，到了父辈僖公，势力渐次衰弱，到了襄公，因其不务正业，荒废政事，直弄得朝内危机四伏，他国经常来犯，齐国经济崩溃，威信丧失，这不能不说是个悲剧。现在寡人当朝，又有诸位爱卿辅佐，咱们一定要重振齐国，方不负上天赋予的重任！”

齐桓公见众臣都在安静地听自己说话，心中一阵欣喜，接着又说：“寡人新立，须让天下诸侯知道寡人的威武之风，让四方君主知我齐国兵车之勇。观望诸侯各国，陈、蔡等国均不在话下，只有南边的楚国实力强大，但离齐国尚远，无利害冲突，一时还构不成威胁。目前，只有鲁国野心勃勃，对我国虎视眈眈，因此，要想立足于天下，在寡人看来，得先给鲁国一个教训，挫伤鲁国的锐气。不知各位意下如何，敬请发挥高见！”

齐桓公话音刚落，武将王子成父出班启奏：“鲁国乃齐国手下败将，进攻鲁国，定能大获全胜。”齐桓公见王子成父首先赞同响应，便望着他颔首微笑。

一语未了，雍廪也出班奏道：“君上威武圣明，威加诸侯，臣愿率五百乘兵车，踏平曲阜！”

雍廪也是机灵之人，一见王子成父抢了先，也不甘示弱，立即请缨。齐桓公当然拍案叫好，他看看鲍叔牙，问道：“鲍太傅意下如何？”

鲍叔牙心里并不同意齐桓公的这个决定，他觉得齐桓公才即位不久，国内的许多事情还未理顺就大动干戈，有点操之过急。虽说齐桓公即位后，鲁庄公确实常有毁谤之言、侵犯边境之举动，但现在大举反攻鲁国实属鲁莽。不过齐桓公毕竟是国君，当众驳他面子也不好，所以，鲍叔牙也随后说：“微臣也无异议，但愿大军能够踏平曲阜，马到成功！”

见众人均无反对意见，齐桓公一拍御案，说：“好！诸位爱卿和寡人已达成共识，那就不日出兵，马踏鲁国！”

“君上勿急，微臣管仲与诸位意见相左，臣不同意出兵征伐鲁国！”管仲在齐桓公定下决议之时，竟说出了违逆之话。

众大臣深感惊奇，一起将疑惑的目光投向了管仲，似乎在说：“刚上任的新官，有什么资格对君上的决定说三道四？”

齐桓公听见管仲如是说，思忖了一下说道：“好，寡人倒要听听管大夫对伐鲁有何不同看法。”

管仲并未看大家的眼色，沉着地回话：“臣以为君上即位不久，齐国正处在百废待兴之际，国力不足，经济不振，攻伐之事有点操之过急！”

其他人都认为管仲自不量力，但并未言语，只有鲍叔牙不安起来。鲍叔牙心想，齐桓公正是踌躇满志之时，而管仲刚被任用不久，他能改变齐桓公的心意吗？这不是故意让齐桓公当众出丑吗？鲍叔牙为管仲捏了把汗。

齐桓公听管仲说完，马上露出不悦之色，说道："寡人既执掌一国，岂能对别国的欺辱置之不理？大丈夫立于天地之间，如果没有作为，不能决断事务，此生何用？寡人认为，讨伐鲁国，已是当务之急！"

"君上雄才大略，微臣倒是十分敬佩。可您想过没有，威加诸侯并不能光靠武力，治理内政更不是容易之事。如果国内形势未稳，国力不支，又贸然对外开战，恐怕将会造成无法预料的后果啊！"管仲今天可显露了他倔强的性格，一点都不让步地陈述了自己的意见。

但是，齐桓公已听不进管仲的忠告，不耐烦地挥挥手，说道："寡人主意已定，现在需要的是鼓舞将士士气，不需要涣散军心的气馁之言！"

管仲就是管仲，他仍没有屈服，坚定地说："臣蒙君上不杀之恩，恩同再造，永世不忘。正因如此，臣方斗胆直言，攻伐鲁国的理由不足，师出无名，举此不义之师，定会凶多吉少。即使赢得胜利，那也必然会在诸侯之间留下骂名。过大于功，失大于得，切望君上三思而行！"

齐桓公见管仲如此执拗，脸色陡地一变，拍案而起，怒视管仲道："管仲，你已身为齐国大夫，本应替寡人分忧，怎能一味消极抵触，是何用意？难道你仍与鲁国有联系吗？"

话已经说到这个程度，管仲也已看出，再争论下去，肯定于己不利。也罢，初出窝的鹰隼恨天低，就让你先碰碰钉子吧，也好长个见识，想至此，管仲再也不言语了。

鲍叔牙见造成如此僵局，既为管仲担心，又怕出现其他不好的局面，所以看了管仲一眼，见他不再说话，就忙上前奏道："君上，为振大齐雄风，臣愿率三军伐鲁！"

齐桓公见老师给了自己支持，马上转怒为喜，说道："好！鲍太傅为三军统帅，寡人御驾亲征，马上准备五百乘战车，择吉日出兵伐鲁，不踏平曲阜，誓不还师！"

阳春时节，百花盛开，和风荡漾。这天，军旗猎猎，战马萧萧，战车隆隆，齐桓公和鲍叔牙带领着齐军直接逼近鲁国国都曲阜北面的长勺。

齐桓公坐在战车上，红光满面，洁白的战袍随着春风翻卷飞舞。他一路上谈笑风生，对众人说道："寡人即位初就曾与鲁国开战于乾时，当时能不能打赢寡人心中没数，可今日不同了。"他指着前后左右整齐的齐军战车，又说："齐国的战车无敌于天下，寡人踏平曲阜，是给天下诸侯做个样子看看，要让他们一个个向我齐国俯首称臣！"

正在这时，一个探子飞马来到鲍叔牙车前，禀报："回大帅，鲁军在前面长勺地区摆好了阵势，鲁军主帅是一个山野村夫，名叫曹刿，十天前上殿自荐，被鲁庄公封为三军统帅。"

齐桓公一听，开怀大笑一阵，朗声说道："看来鲁国兵力缺乏，已无能征善战之士，弄来一个山野村夫，竟敢与寡人对垒，真是天助我也！"

王子成父与一些将士听了，也是大笑不止，认为齐国大胜有望了。

鲍叔牙坐在战车上，令旗一举，对王子成父说道："将军，整好战斗队形，保持车距，前进！"

“是！”王子成父应声驾车冲到前面去了。

说实在的，鲍叔牙对这次出征始终是不同意的。他和管仲一样，也知道目前的局势不利于出兵打战，尤其是当前，齐桓公不可一世，目中无人，一心想着战胜鲁国，这也犯了“骄兵必败”的禁律。但是，他又不能强行阻拦。他与管仲的性格不一样，且二人目前所处的地位也有所不同。如果发生冲突，管仲可以一走了之，可他就不行了，他辅佐小白坐上了国君之位，承担着复兴齐国大业的重任，所以，他虽然不同意出征，但还得维护齐桓公的面子。也是基于这点，他违心地当了这场战争的总指挥。

此时，王子成父已经指挥齐军将战车摆成进攻的队形。鲍叔牙驱车来到阵前，清楚地看到“鲁”字大旗下，鲁庄公与曹刿同乘一辆战车。在王子成父的号令下，齐军如同一股大潮，向着鲁军冲了过去。

对面的鲁庄公早已被威严整齐的齐军吓得胆战心惊，他清楚，自己的这个三舅是不会轻易饶恕他这个外甥的。他问旁边的统帅曹刿：“怎么办，咱们也迎着他们打吧！”说完，就要亲自擂鼓催进。

三军统帅曹刿，面孔黝黑，人高马大，沉稳地坐在战车上。曹刿并非军中一将，原本就是一个山野村夫。前些日子，鲁庄公听说齐国要来犯境，一时慌得不知如何是好，因为鲁国兵少将寡，军中缺帅，只有一个曹沫，又已卧病在床，不能出征。那天正在发愁之时，有人来报，说外面来了一个自荐当帅的人。鲁庄公马上将其唤了进来，经过交谈，知道他叫曹刿，是周文王儿子的后人，自幼熟读兵书，爱好排兵布阵，听说国内缺将，故前来自荐统兵。交谈中，曹刿侃侃而谈，列举了先朝几个战例，说得有理有据，面面俱到，因此被鲁庄公任命为三军统帅。现在齐国大军压境，他同鲁庄公一起带兵迎敌。

看鲁庄公要击鼓迎敌，曹刿思索一下，马上挥手制止。

鲁庄公问他："这是为何？"

曹刿不慌不忙地说："现在还不是出阵迎敌的时机，齐军士气正盛，此时出击，不啻以卵击石，待消磨一下他们的锐气，再还击不迟！"说完，他下令道："三军将士，各自严守阵地，不准随意呼叫，不准私自出战！何时出击，以鼓为令，违令者，斩！"

曹刿见齐军快到跟前，也只是令弓箭手放箭，以箭阻止齐军攻势。箭如飞蝗，射得齐国军队人仰马翻，没办法，齐军只得向后撤退。

齐军第一次进攻被阻，士兵们都很不甘心，尤其是鲍叔牙更是不忿，他说："区区鲁国有多大能耐，难道能阻挡住我齐国大军前进吗？"于是，擂鼓发起第二次攻击。然而，这第二次进攻和第一次进攻一样，仍然被鲁军的箭阵所阻。两次进攻受挫，齐国士兵不免有些疲惫和泄气。

齐军两次进攻，鲁军都没有应战，鲍叔牙误以为鲁国军队是因为胆怯而不敢应战，于是第三次擂响了战鼓。

齐军击鼓三次后，曹刿说："我们现在可以击鼓进军了！"他把令旗一举，早已憋足了劲头的鲁军如同一股狂风暴雨，疯狂地扑了上去，一时间，杀声震天，刀光剑影，双方在长勺进行了血战。

齐军在前两次冲锋中受挫，士兵们都消耗了许多的体力，一个个萎靡不振。而鲁军因为在齐军的前两次进攻中并未出面迎战，很好地保存了体力和斗志，所以在第三次迎战中很快就把齐军打败了。齐军见形势不妙，赶紧撤退。鲁庄公见齐军落荒而逃，欲令军队驱车追击齐军。

曹刿想了一下说："且慢！"

鲁庄公见曹刿又加以阻挡，以为他害怕了，刚想问，只见曹刿在地上来回查看齐军战车辗过的痕迹。接着，曹刿发令："大军前进，一鼓作气，乘胜追击！"最终，在鲁军的强力追击下，齐军大败。

鲁军大胜，还朝以后，鲁庄公问曹刿取胜的原因。曹刿回答说："打仗是要靠勇气的，第一次击战鼓，能够振奋士兵的勇气；第二次击战鼓，士兵的勇气就减弱了；第三次击战鼓，士兵的勇气已经被消耗完了。齐军击了三次战鼓，他们士兵的勇气已经消磨殆尽了，而我们的士兵的勇气正盛，所以我们能够战胜他们。我阻止您下令军队驱车追击齐军，那是因为我害怕有埋伏。后来，我看到他们的战车的车轮痕迹很乱，又望见他们的军旗也已经倒下了，所以才下令追击他们！"

鲁庄公听完后，拍掌大笑，称赞道："曹将军，当之无愧的军事家也！"

再说，齐国兵败，大军回到临淄城中。鲍叔牙神情紧张，满脸羞惭，踉踉跄跄地走到齐桓公面前，低声说道："臣出兵失利，有损君威！"

齐桓公本想发怒，但这毕竟是辅佐自己即位的恩师，所以又将火气压了下去，长叹一声，说："齐军强大，鲁军弱小，而这次我们大败而归，日后岂不为天下人耻笑，怎么还能让诸侯臣服？"

管仲见齐桓公的情绪如此低落，又见鲍叔牙垂头丧气地站在一边，忙安慰说："这次齐鲁两国兵力相当，而战争多以主为强。那次乾时之战是在我国境内打起来的，我们为主，鲁国为客，所以我们才能以主胜客，打败鲁国。这次长勺之战是在鲁国境内打起来的，鲁国为主，我们为客，所以鲁胜我。胜败乃兵家常事，请君上放开胸怀，不必忧伤，只要好好发展生产，富民强国，长勺之仇，何愁不报？至于这次兵败，也不能全怪鲍太傅，还是我们太轻敌了啊。”

管仲的这番话，既替鲍叔牙解了围，又有责备齐桓公心高气傲之意。不知齐桓公有没有听出其中用意，他倒是没有发声。

站在一旁的鲍叔牙对这次兵败心中很不服气，于是他对齐桓公说：“臣愿戴罪立功，想以君上的名义到宋国借兵，齐宋两国合兵攻打鲁国，不愁不胜，这样可以报仇雪恨。”

齐桓公还未回答，管仲一听，慌忙加以制止说：“不可，不可，千万不可！这是一种冒险的行为。鲁军刚胜，士气正旺。我们向宋国借兵攻打鲁国，即使能胜，名声也不好，何况也不见得能胜。”

齐桓公不解地问：“齐宋两国兵力远强于鲁国，为何还不能胜？只要能胜，就能立威！”

管仲解释道：“臣听说，一国之君不应勤于战争，不应计较过去的耻辱，不应掩盖自己的过错，这样国家才能安定，否则就会给国家带来危亡。兵贵于精，不贵于多。虽齐宋两国兵力强于鲁国，但宋国之兵常年不战，素质又差，如同乌合之众，不堪一击。就拿我军来说，虽然经历过战争，但缺乏休整，又刚战败，士气低落。再说两国合兵，难于协同。另外，打仗需要有充足的兵器、粮草，这些我们都不足。要知道，国内贫穷，百姓饥饿，兴师动众，日费千金。我国连年战争，国库空虚，人民厌战，一旦战争爆发，无论胜败，都要损失大量人力、物力，要想恢复元气需要好几年。这样对内不利于人民，对外开罪于诸侯，有损于霸业。俗话说‘小不忍，则乱大谋’，长勺之仇，今后一定能报，为何不能等待一下呢？望君上三思！”

齐桓公年轻气盛，对于这次的败仗也很不服气，尤其害怕在诸侯之间丢失面子。所以，他没有听从管仲的劝解，同意了鲍叔牙向宋国借兵的提议，并命令鲍叔牙即刻出发。

管仲见齐桓公还是不肯接受劝谏，语重心长地说：“拒谏自恃，旁若无人，灾祸又要临头了！”边说，边走了出去。管仲心想，君上涉世不深，既然如此，那就让他多碰些钉子也好。

齐国向宋国借兵，宋国派一个叫南宫长万的大力士为大将，统率宋军，于六月上旬和齐国的鲍叔牙率领的大军聚集于鲁国的郎地。两国暗暗定下日期，到时齐军从东北面、宋军从东南面同时向鲁国发起进攻。

这日，齐宋两国联合起来攻打鲁国，鲁庄公十分害怕，急忙召集文武百官商议对策。鲁庄公说：“鲍叔牙在长勺惨败，前来报复，又有宋国援助，那南宫长万人高马大，凶猛异常，有万夫不当之勇，鲁国根本无人能与之匹敌。齐宋两国合兵进犯，有何良方加以抵挡？”

公子偃自告奋勇，说：“臣先到前边观察一下，怎么对付以后再说。”他仔细观察了齐宋两军阵容，发现鲍叔牙的军队军容较为严整，而宋国的南宫长万自以为天下无敌，但队伍松松散散。于是，他给鲁庄公回报说：“宋军傲慢，军纪松弛，先从宋军开刀。咱们夜里进攻，趁宋军不备，出其不意予以袭击，定可一举打败宋军。宋军一败，等于折去齐军的一只翅膀，他们必不敢在鲁国停留。”

鲁庄公担心地说：“你可不是那南宫长万的对手啊。”

“君上勿急，据臣所知，南宫长万虽说勇猛，但生性愚笨，用些计策就能够将他战胜。”公子偃说。

鲁庄公问道：“有何良策？爱卿快快说来。”

公子偃笑了一笑，说出了一个计策，鲁庄公点头答应。

这天夜里，夜色朦胧，寂静无声，公子偃命令鲁军将一百张虎皮披在战马身上，并率领鲁军悄悄潜入宋军的军营中，宋军正在酣睡，一点儿也没有察觉。公子偃下令鲁军把准备好的火把点燃，一时间，火光冲天，亮如白昼，鼓声大作，凶猛的鲁军举着火把左冲右撞，那披着虎皮的战马咆哮着到处狂奔。这突如其来的情况将睡梦中的宋军全部惊醒，他们跑出营门一看，见到一群狂奔乱跳的“猛虎”，顿时惊慌失措，四散奔逃，慌乱中，许多将士都成了鲁军刀枪之下的亡魂。南宫长万虽然十分骁勇，但见到这种情景也慌了手脚，他见手下将士都争先恐后地逃命而去，也只得乘车而退。

正在这时，披挂整齐的鲁庄公率领着人马已到，他和公子偃的兵马合为一处，连夜追击宋兵，一直追到宋国边境。南宫长万很不甘心，虽然手持长矛刺死一些鲁军，但毕竟鲁军人多势众，异常勇猛，他纵有三头六臂也难以取胜，就在犹豫之间，身上连中几刀，掉下马来，被鲁军活捉了。

齐军统帅鲍叔牙看到找来的盟友已兵败，再也不敢随便出击了。他急忙鸣金收兵，回营去见齐桓公。

齐桓公听说宋军大败而归，也大为吃惊，问鲍叔牙：“齐宋两国的兵力多于鲁军三倍，为何又遭失败？”

鲍叔牙自觉无能，见齐桓公问到此处，只得实话实说。他说：“两国合兵，行动不能统一，加之前次惨败，人心浮动，兵丁多有厌战情绪，所以，这场战斗又失败了。”

齐桓公长叹一口气，让鲍叔牙坐下，说道：“太傅不要过多自责，一切归咎于寡人不听管仲之言，方接连两次失败。看来，管夷吾实属不简单呀！”

坐在旁边的鲍叔牙见到齐桓公自责，心中更不是滋味，他站起身感动地说：“君上如此自咎，令微臣无地自容，不要再在此耽误工夫了，速速撤回国内再议！”

经过两次较量，齐国颜面大失，灰溜溜地回城了。

这两次挫折终于使齐桓公醒悟过来，他非常后悔当初没能听从管仲的直谏而草率用兵，以致折损了许多财货兵马，更使得齐军威风尽失。齐桓公没有遮掩自己的过失，他恳切地对管仲说：“寡人后悔没有听从爱卿的劝告，才有今日之败，这都是寡人的过失。”

其实，管仲进入齐国宫廷后，仅仅被委任大夫之职，虽说鲍叔牙提议拜他为相，但齐桓公因为没有看清管仲究竟有多大的能力，所以决定过段时间再说。现在，有了这件事的教训，齐桓公看出了管仲的不寻常之处，也不再犹豫，决定拜管仲为相。

齐桓公让国师挑选了一个吉日良辰，并在这一日召集文臣武将来到家庙，于先祖的牌位前当众宣布拜管仲为齐国相国，让他掌管国内一切军政大权。齐桓公还说：“相国几次直言相谏，苦口婆心，胜似父母，今当着诸位卿家之面，寡人宣布，尊称相国为‘仲父’，日后，宫门随意出入，管辖文臣武将。”齐桓公宣布完毕，马上又对管仲躬身施礼说道：“仲父在上，容小白拜上！今后国事沉重，政务冗杂，完全仰仗您耗费心血，辅助寡人重建齐国大业！”

齐桓公做如此举动，不仅使得各位大臣感到意外，也使得管仲本人大为吃惊。只见管仲慌慌张张地跪倒在地，口称：“今既为一相，他日为了齐国大业，定当殚精竭虑，肝脑涂地，倾尽腹中所有，辅佐君上登临霸主之位！”

一番话了，众臣跪地高呼：“祝贺君上得一良相，祝贺管相国担此重任！”

自此以后，管仲方沉下心来，尽心尽力地帮助齐桓公完成称霸大业。

三、众擎易举，无往不胜

| 君臣二人促膝长谈 |

一天晚上，齐桓公在他的寝宫中设宴与管仲一起饮酒交谈。齐桓公兴冲冲地举起酒爵说："寡人即位，初始盛气凌人，总是听凭一己之见，没听仲父之言，故两次失利于鲁国。如今仲父拜为齐国相国，是我大齐的福分、百姓的造化，为了日后的振兴，来，咱们同干一爵美酒！"说罢，二人举爵，一饮而尽。

齐桓公很高兴，他终于招纳了一位闻名天下的贤臣，以后，振兴齐国大有希望了，为此，他一爵一爵地喝着酒。坐在下方的管仲也很兴奋，二人边喝边谈，不知不觉间已进入深夜。

管仲关心地说："天色已晚，君上您该早早休息了。"

齐桓公高兴地说："酒逢知己，千杯不多，得此良相，尽醉方休！"

管仲想了一会儿说："臣闻泰山之高，不是一块石头垒成；大海之阔，不是一条江河汇成。君上欲成大志，不能全部寄希望于微臣，还得重用他人呀！"

齐桓公放下酒爵，欠身问道：“相国所说对极，不知还有谁可重用？”

管仲从容地说道：“精通礼仪，善于外交，能言善辩不失国体，臣不及隰朋，请立为大行之官。”

齐桓公点头同意。

管仲又说：“开垦荒地，种植庄稼，按时收种，地肥粮丰，臣不如甯臧，请立为大司田。”

齐桓公点头道：“寡人早有此意。”

管仲接着道：“运筹帷幄，决胜千里，有勇有谋，大将风度，臣不如王子成父，请立为大司马。”

齐桓公合掌道：“正合寡人之意。”

“审案断案，明察秋毫，不杀无辜，不诬无罪，臣不如宾须无，请立为大司理。”管仲继续说下去。

齐桓公拍手表示赞同，问道：“还有吗？”

管仲道：“还有，对君上忠心耿耿，敢向君上提逆耳之言，能做到富贵不能淫，威武不能屈，臣不如东郭牙，请立为大谏之官。”

齐桓公连连表示赞同，说：“此五者，均德才兼备，有口皆碑，正合寡人之意。”说完，两人又痛饮一爵。

管仲拱手问道：“鲍叔牙乃君上太傅，臣的挚友兄长，天下无人不晓鲍叔牙与君上恩缘，也无人不知管鲍之交，鲍兄之位，君上有何考虑？”

齐桓公道：“寡人将终生尊鲍叔牙为太傅。如今，你为相国，寡人拜鲍叔牙为亚相，有管鲍二人共同辅佐寡人，何愁霸业不成？”

管仲笑了，说：“论仁和宽厚，管仲不及鲍叔牙十之一二。论对齐国的功劳，他在朝内地位多高也不为过。但是，鲍兄就是这样一个人，志存高远，不重官位，视利益、名分如草芥也！”

齐桓公问道：“对于你的加封，鲍太傅会有何想法？”

管仲回答道：“君上敬请放心，鲍叔牙一生绝无半分私念，齐宫内外都该记住鲍叔牙的功劳才是。他是国之功臣，是人之楷模，是齐国之福呀！”

齐桓公听至此，直起身子，叹道：“管鲍之交，寡人今日再次领略了。”

齐桓公谈兴很浓，尽管夜色已深，但还是没有结束谈话的意思。他又问：“仲父，寡人还有一事不明，怎样做才能治而不乱、明而不蔽呢？”

管仲回答：“只要做到职责清晰，就能做到治而不乱、明而不蔽，也就是说，要让官吏明确自己的职责。君上可根据他们应尽的职责来监督其工作情况。能胜任该职位的可以继续为官，不能胜任的就要罢免。当然，对于君上来说，礼贤下士、广招人才也十分重要。”

这一日的君臣长谈，对于日后齐国的强大及称雄一世起了决定性的作用。尤其是在广揽人才这一方面，齐桓公开始有了自己的看法。

当时，齐国有一个非常有才学的小吏，名叫稷，齐桓公在与朝臣的接触中，听到许多人都称赞他的才德。于是，齐桓公本着思贤若渴的态度，三次登门拜访稷，由于稷不了解齐桓公的意图，每次都拒而不见。随从劝齐桓公放弃，齐桓公却说：“布衣之士，如果一味追求高官厚禄，就不会怠慢国君；而国君如果不好施仁义，也不能招来有用的布衣之士。”

齐桓公坚持亲访稷，并表明了自己渴求人才的决心和态度。稷最终被齐桓公的决心和态度打动了，他从执政国家到发展国内经济与齐桓公畅谈了很长时间。可以说，两人谈得相当投机。后来，齐桓公终于把稷召进宫中，并为其安排了上大夫之职。

春秋时期的人都非常重视等级、礼仪，尤其在迎接四方之贤才时，都会用高规格的接待礼仪。古代，当邦国在朝觐、祭祀和商议军国大事时，都要在大庭中燃烧火炬，称为“庭燎”，而且爵位高低不同，所用庭燎之数也有很大的差别，如天子为一百，公为五十，地位更低者为三十。为了能吸引人才，齐桓公竟僭用天子礼节来接待士人。尽管齐桓公用最高的礼节来接待能人贤士，但还是很少有人前来自荐。这是为什么呢？齐桓公很是不解。

有个从齐国东部来的乡下人前来应聘，齐桓公见他土里土气，其貌不扬，很不高兴。齐桓公心想，这么多天也没几个人来，好不容易等来一个，却是这么一个乡下人。于是，齐桓公没好气地问：“你来做什么？”

来人回答：“你们不是招揽人才吗？怎么还问我来做什么？”

别看这个人土气，说话倒挺有气势。齐桓公一时难以回答。

站在旁边的管仲见出现这种情况，马上出来打圆场，说：“壮士请勿着急，有话慢讲，你是哪里人，尊姓大名？”

来人说道：“草民涂家集人，姓涂名小宁，听说朝内广招人才，就斗胆来到这里。”

“那你有何过人之处？”齐桓公又问道。

涂小宁看着齐桓公，并无畏惧之色，慨然答道：“草民自幼擅长九九乘法口诀，稔熟一切运算方法。草民觉得，如果在全民中普及九九乘法口诀，对于发展国内经济是大有裨益的。”

一听这个，管仲非常高兴，刚想称赞一下，没承想齐桓公抢过话说：“会这个没有什么出奇之处，既不能带兵，也不能打仗，算什么人才？”

“如国君所说，我是一介草民，绝不是您说的人才。这个九九乘法口诀，大概国君不学就会吧！”涂小宁也是个倔强之人，见齐桓公如此轻视自己，也就豁出去了，不免说了几句讽刺挖苦之话。

管仲在一旁听了，心中暗笑，这下君上碰到“硬茬口”了。说实在的，涂小宁说的这番话，如果遇到一个昏君，小命早都没了。但齐桓公毕竟是一代明君，别看方才对涂小宁有些轻视，却并无恶意，现在听涂小宁这么一说，竟然无言可答了。

管仲见发生了窘况，又马上出来打圆场，说：“壮士请勿着急，君上所说，并无他意，只是求贤若渴，有些着急罢了！”

“是的，仲父说得对极了，寡人就是这个意思！”见有了台阶，齐桓公就机灵地“走”了下去。

“前些日子，为什么少有人来，这恐怕就是一个主要原因吧！”涂小宁一语道破。他看着齐桓公茫然的眼神，停了一会儿继续说：“民间不见得就没有人才。如果国君不高高在上，有礼贤下士的心态，何愁人才不来？草民所说的九九之术，确实是微不足道的技能，但是国君若加以重视，同样是一种强兵富国的技能。《诗经》有云：‘先民有言，询于刍荛。’意思就是说，要虚心求教，集思广益啊！”

听到这里，齐桓公对这个涂小宁肃然起敬，连声说道：“说得好！说得好！寡人一时性急，险些埋没一个人才，还望壮士见谅！”接着，令管仲将涂小宁带入宫中，加以任命。日后，涂小宁果然在齐国的经济建设中发挥了不可或缺的作用。

齐桓公优待一个会九九之术的乡下人的事就像长了翅膀一样很快就传遍了齐国，又传到了整个中原地区，没过多久，投靠齐桓公的能人志士蜂拥而至。

齐桓公不但设立庭燎之礼，还注意款待好来自各诸侯国的客人。齐桓公委派隰朋管理东方各国的事务，委派宾须无管理西方各国的事务。齐国国内每三十里设一驿站，准备好食物，并设官管理。凡各诸侯国来的官吏，派专人用车为他们负载行装；若是住宿，派人替他们喂马并以所备食物招待。如果待客标准与收费标准不当，则要追究管理者的责任。

齐桓公还规定，凡国内官吏引荐其他诸侯国人士来到齐国做事，引荐得好，视所荐对象能力的大小给予赏赐；引荐得不好，也不追究。除此之外，还派出游士八十人，奉之以车马衣裘，多其资币，使周游于四方，以号召天下之贤士。后来，齐国之所以能强盛，一方面得益于管仲提出的各项改革政策，另一方面得益于齐桓公广招的贤才。

这天，齐桓公起得很早，胡乱吃了口饭，坐了一会儿，总觉得还应该找管仲深谈一下日后治理国家的一系列措施，于是让人把管仲喊来。

管仲匆匆赶来，深施一礼，说道：“君上晚上睡得可好？召唤微臣，想必有事商量？”

齐桓公笑一笑，伸手叫管仲坐下，说道：“相国请坐，寡人有事请教！”

“哦，好啊，君上请讲！”管仲回答道。

“咱们齐国是个大国，先祖治理时，黎民百姓安居乐业，民心所向，几近太平。可是，随着几代国君的更换，人品参差不一，治理手段越来越差。尤其是齐襄公，不务正业，百姓离心离德，弄得国势衰微。相国有何良方能扭转此局面呢？”齐桓公说这些话时，非常谦虚和诚恳。

管仲看到齐桓公这个态度，也很受感动，说道：“君上提及此事，微臣觉得，当前紧迫的任务是完善国家的福利制度，以此来调动百姓的积极性！”

齐桓公一听，心中一阵高兴，忙说：“看来，相国心中早有计划，快快说与寡人一听！”

管仲当即回答：“据微臣看来，国家的福利制度分为九种：老老、慈幼、恤孤、养疾、合独、问疾、通穷、振困、接绝！”

齐桓公忙说：“相国详细道来！”

“好，听微臣慢慢讲。”管仲开始一一道来。

管仲说，第一项制度叫作“老老”。什么叫“老老”？“老老”就是指老年人福利保障。齐国的每个城市都要设有“掌老官”，他们负责对每个城市的老人分配福利。具体执行方式如下：

凡是年龄在七十岁以上的老人，可以有一个儿子不用服兵役，每三个月官府给其送一次肉；凡是年龄在八十岁以上的老人，可以有两个儿子不用服兵役，每个月官府给其送一次肉；凡是年龄在九十岁以上的老人，全家都应免除兵役，每天官府给其送上酒和肉；如果有老人去世，官府还要免费送上棺材。

第二项制度叫作“慈幼”。什么叫“慈幼”？“慈幼”说白了就是幼儿贫困补助。具体执行方式如下：

凡是家里孩子多且经济条件不好的，官府给予补助。有三个小孩的家庭，可免除征收布帛；有四个小孩的家庭，全家免征所有赋税；有五个小孩的家庭，官府帮忙请人照顾，同时还多发两人份额的粮食给这样的家庭，直到小孩长大为止。

在古代中国，一个国家能否称霸，不仅要看军事实力的强弱，还要看人口的多寡。人口象征着一个国家的生产力，所以“慈幼”不单是对贫困儿童的补助，更是一项鼓励生育的政策。

第三项制度叫作“恤孤”，就是官府为收养孤儿的家庭进行定额福利补贴。具体执行方式如下：

齐国的每个城市都设有“掌孤官”。小孩死了父母，就归同乡、亲戚或故旧抚养。代养一个孤儿的家庭，可以有一个男丁免服兵役；代养两个孤儿的家庭，可以有两个男丁免服兵役；代养三个孤儿的家庭，全家免服兵役。“掌孤官”平时要经常了解情况，包括孤儿的饮食和身体健康状况，对有困难的代养孤儿家庭要进行救助。

第四项制度叫作“养疾”。何谓“养疾”？“养疾”有点类似今天的“残疾人补助”。具体执行方式如下：

齐国的所有城市都设有“掌养疾官”，对有聋、盲、哑、瘸等残疾而生活不能自理的人，官府就在养疾馆给他们免费供应饮食，直到其去世为止。由于这种制度的建立，在约两千七百年前的齐国街头，根本找不到因为身体残疾而沿街乞讨者。

第五项制度叫作“合独”。这可是历史上从来没有的制度。具体执行方式如下：

齐国的每个城市都设有“掌媒官”，他们的主要工作就是牵线搭桥做媒，专门撮合鳏夫和寡妇，类似今天的婚姻介绍人。但凡撮合成了的，国家负责提供房产农田。如果婚后三年男子还没有找到工作，官府会为男子提供公职。

第六项制度叫作“问疾”。顾名思义，问疾就是慰问病患。具体执行方式如下：

齐国的每个城市都设有“掌病官”，他们的主要工作就是每天巡城，但凡遇到有老百姓生病的，掌病官就要代表国君对其进行慰问。九十岁以上的病患，每天一问；八十岁以上的病患，两天一问；七十岁以上的病患，三天一问；其他普通病患，五天一问。如有久病未愈者，掌病官就要向上汇报，由国君亲自走访基层慰问。这个制度更是亘古未有。

第七项制度叫作“通穷”。具体内容如下：

齐国所有的城市都设有“通穷官”，他们的工作就是将贫困百姓的情况上报中央。若有贫困人家没有房子住或吃不上饭的，其所在城市的通穷官必须及时报告。认真工作的通穷官，国家会发奖金奖励；如果玩忽职守，没有汇报，就会受到惩罚。

第八项制度叫作“振困”。“振困”说白了就是做好灾年救济工作，国家要在灾年停止征税，并发放救济粮。

第九项制度叫作“接绝”。所谓“接绝”，就是国家有义务对在战争中牺牲的将士的子女、父母进行抚恤、接济。这与现代的民政部门的工作大同小异。

这九项制度被非常清楚地记载在《管子》一书当中。在管仲的大力督行下，这九项惠民制度全部得以推行。齐国之所以后来会强盛，很大程度上得益于这些惠民制度的制定和施行。由此，我们也可以看出，管仲不愧为奇才。

四、欲戴王冠，必承其重

| 春秋一代霸主的诞生 |

“周朝王室虽已衰微，但仍是名义上的天下共主和宗法上的大宗，在诸侯心中，特别是中小国家的诸侯心中，还有一定的影响力。为此，齐国打着‘尊王攘夷’的旗帜，还是有相当高的号召力的。狄、夷等族不断向中原经济发达的地区进犯、掠夺，使一些中小诸侯国心生惶恐。这些中小诸侯国无力抵御进犯、掠夺，而周天子也无力领导和组织各诸侯国抗击，因而，这时谁有足够的军事实力领导各诸侯国共同抗击夷人的攻掠，谁就会得到拥护。论实力，齐国在诸侯国之间属于大国，能够担此重任。”管仲如是说。

从管仲说的这番话中，我们可以看出，齐国的图霸战略和措施是符合当时中原的客观形势的。

齐桓公听了管仲的一番长论，心中涌起阵阵波澜，多好的仲父啊，真是老天垂怜齐国，给寡人送来如此一个圣人，日后再不立下壮志，不使齐国复兴，难对老天，难对仲父也。想到此，齐桓公向管仲弯腰作揖，说道：“仲父，寡人一定记住教诲，实现富国强兵的梦想！”

然而最初的时候，在对外扩张，尤其是称霸诸侯等一系列事务方面，由于齐桓公与管仲二人的思路不同，认识事物有异，他们之间也存有一定的分歧。

齐桓公认为：“要想强大，一定要诉诸武力，将那些不服的国家彻底推翻！”

管仲听后摇了摇头，说道：“君上此言差矣，无论对内还是对外，若想对方心服口服，需要的不是打和杀，而是施之以仁，以德开路，只有这样，方能博得众诸侯国的亲近、信任和尊重。任何时候，咱们都不应该恃强凌弱，以大欺小。如果想通过武力让各诸侯国顺从，那就会使得大国不安宁，小国有怨恨，齐国声名狼藉，最终被孤立。如此一来，咱们辛辛苦苦得到的一切也将慢慢失去，危机和灾难就会接连不断地降临到齐国头上！”

管仲知道自己反驳了齐桓公，心中不免担心起来，但当他看向齐桓公的时候，却发现齐桓公的脸色很平静，并没有不悦之色。于是，管仲接着说：“如要称霸，就要抵御外夷，征伐不服。外出征战，必须要解除后顾之忧，这就需要与周边各国搞好睦邻关系，比如，要北伐，则要依靠燕国；要西征，则要依靠卫国；要南讨，则要依靠鲁国。有了这三个国家的支持和帮助，君上就可以纵横四海，无所顾忌了！”

自从管仲拜相后，他就重新审视了齐国的疆界，研究了齐国所处的位置和周围诸侯国对齐国称霸中原将起到的影响和作用。不得不说，他的用心可谓良苦，目光可谓远大啊。

齐桓公被管仲诚恳坚定的话语深深打动了，又因前两次伐鲁惨败，他再也不敢一意孤行了。于是，他说道："仲父所言，寡人记在心中，今后谨遵训示！"

齐桓公依管仲所言，开始注重搞好睦邻友好关系，他把历次战争中所侵占的土地分别无偿还给了鲁、卫、燕这三个诸侯国，如全部归还齐国占领鲁国的棠、潜二邑，卫国的台、原、姑、漆里四邑，燕国的柴夫、吠狗二邑。为此，三个诸侯国都对齐国感恩戴德。

为了加强与各诸侯国的联系，齐桓公还听从管仲的建议，派出使臣常驻诸侯国，以表示互通友好，如派曹孙宿出使楚国、派商容出使宋国、派吉由出使鲁国、派凯方出使卫国、派晏尚出使燕国、派审友出使晋国等。其实，这些派到诸侯国的常驻使臣也都负有"暗探"的使命，无时无刻不在窥探着所在国的动静。除此之外，齐国还与各诸侯国之间进行商贸来往。很快，齐国便声名远扬，在诸侯国中威望大增。

公元前682年，周庄王因病身亡，新君周釐王即位。管仲得到消息后，认为正可利用这个时机向周王室靠近，以赢得周釐王的信任和好感。那么，怎样迈出第一步呢？管仲觉得，应当先去吊唁病故的周庄王，而后再给周釐王进行道贺。

这天，管仲在屋里思考吊唁周庄王和向周釐王道贺之事，忽然听到门外有人喊："相国在吗？"

管仲走出房门，一看是驻宋国的使者余人，忙问何事？

余人回答："启禀相国，宋国发生内乱，大将南宫长万杀死了国君捷，拥立公子游为宋君。宋国国君捷的弟弟公子御说又借兵杀死了公子游和南宫长万，夺了君位。现在整个宋国人心惶惶，宋桓公御说的君位也是飘摇不定！”

“啊，宋国这个时候竟发生如此变故？”管仲听后，大吃一惊。宋国的混乱会不会影响齐国？现在周王室又已易主，齐国怎么办？管仲思索起来。想了一会儿，他猛地一拍大腿，高声说道：“好了！”

报信的余人见管仲说出一句模棱两可的话语，惊诧地问：“相国，您怎么了？”

管仲笑笑说道：“余人，没事儿了，你就回去吧！”

余人走了，管仲又自言自语地说：“好！时机到了！”说完，他忙不迭地去见齐桓公。

齐桓公见管仲满面喜色地跑来，不知发生了什么天大的喜事。管仲见到齐桓公后兴奋地说：“臣知道君上时刻都在想着称霸中原，眼下正有一个好机会！”

齐桓公一听到“称霸中原”四字，眼睛顿时一亮，心骤然收紧，急问：“好机会？仲父赶快告诉寡人！”

管仲说：“周天子庄王逝世，新天子釐王即位……”

还没等管仲说完，齐桓公就急不可耐地打断管仲的话，说：“此事寡人已知，怎么就是好机会了？”

齐桓公很是着急，但管仲倒是很沉稳，他慢慢地把宋国发生祸乱之事说了出来。可是，齐桓公还是没有理出头绪，不知道管仲说这些出于何种目的，急着问：“周室庄王新丧，釐王初立，宋国内乱，跟寡人称霸中原又有何干系？寡人实在是不知！”

管仲微微一笑，说：“君上以为齐国已经强大到可以纵横天下了吗？”

齐桓公想了一下说：“寡人并没有这样认为呀！”

管仲满意地说：“君上此言甚善。当今诸侯国，南有郑、楚，西有秦、晋，北有强燕，它们的势力或强于齐国，或与齐国互为伯仲。就说紧邻的鲁国，也敢与齐国一争高低。但是这些诸侯国之所以雄踞一方，而又不能称霸天下，究其原因，均是违逆周礼，不尊奉王室所致。尤其是周平王东迁洛邑后，众诸侯都无视周王，既不称臣前去朝拜，也不照章进奉礼品。更有郑国公然与王室之师抗衡，连周桓王都被郑国大将祝聃射伤了肩膀……”

听至此，齐桓公问道：“仲父所言极是，那下一步该如何进行？”

“君上可派一重臣前往朝拜周釐王，一为吊唁，二为道贺。在周室备受诸侯冷落之际，君上的举动定会大受周釐王的感激。借此机会，君上也可请周王降旨，由君上以周王室的名义召集天下诸侯会盟，共同议定宋国的君位。此时，周釐王定会感恩君上，一定不会拒绝此事。到那时，君上距离霸主之位，也就不远了！”管仲说。

齐桓公听完管仲的话，两手一拍说道：“那就委派大行隰朋前往周王室，他通晓礼节，办事有方，是个最佳人选。仲父你意下如何？”

管仲微微一笑，表示赞成。

齐桓公立即叫侍卫把隰朋唤来，吩咐他明日动身，前往洛邑。

正如管仲所说，周庄王去世，各国诸侯无人前来吊唁，对于新即位的周釐王，也没有一人前来道贺。周王室冷冷清清，到处呈现一派衰败的样子。

这一日，周釐王正坐在宫中忧心如焚，焦急万分，忽然听说齐桓公派遣使者携带许多贡品前来祝贺新天子即位，顿时高兴起来。周釐王接受了隰朋带来的贡品，并设下酒宴，亲自为隰朋接风。

席间，隰朋遵照嘱托，先向周釐王叙说了齐国拜管仲为相后，管仲如何辅佐齐桓公勤修内政，如何富国强兵，又如何对邻国施以德义等诸般事务。接着，又说了齐桓公以及整个齐国上下对天子、对王室如何尊崇、如何忧心等事情。周釐王听到这些，不由地喜笑颜开，连连称赞齐桓公和管仲治国有方。当然，隰朋也趁机说了宋国内乱的事。隰朋道："现在宋国大乱，正是显示王室威望的好时机，只要陛下亲下一旨，命一个诸侯为首，以陛下之名会盟诸侯，共同商定宋国之事，为宋君正名，宋国的内乱即可平息！"

好个隰朋，他将出发前齐桓公和管仲交代的话语点滴不漏地说给了周釐王听。懦弱君王周釐王听完隰朋的话，对齐国感恩戴德，当即下旨，由齐桓公代替周王室召集各地诸侯到北杏相聚，共商宋国治乱之事。

隰朋带回了周釐王的圣命，齐桓公心花怒放，他夸奖管仲说："仲父真是料事如神，寡人功成指日可待也！"

接着，齐桓公马上召集管仲、鲍叔牙、隰朋、仲孙湫等一干心腹大臣，商讨会盟之事，而后让管仲亲自拟写书信，分别送往宋、鲁、陈、蔡、卫、郑、曹、邾、遂等大小诸侯国，告说遵周天子之命，约定于三月在北杏会盟，以商定宋国君位之事。

会盟之事由管仲负责。管仲首先安排王子成父率领士兵在北杏筑一个三丈高坛，坛上左边悬挂编钟，右边摆上乐鼓，中间摆上周天子牌位，高坛一旁的土台上摆着玉、帛、酒具等，专门迎接来自他国的贵宾。

宋桓公带一百乘兵车第一个到达北杏，齐桓公与管仲安排他到馆舍住下。

宋桓公见了齐桓公后，躬身一揖，说道：“齐桓公遵周天子之命召集诸侯，帮助宋国安君位，对此，寡人感激不尽！”齐桓公上前挽住他的手说：“宋桓公切勿如此，我们同为周天子的臣国，相互帮助，天经地义！”

两个人说着话，心中却各自打着自己的小算盘。宋桓公心想，齐国曾向宋国求救，当时宋国并没有袖手旁观，还派了南宫长万带领兵马前去助战，帮助齐国共同讨伐鲁国，虽然兵败，但毕竟没有拒绝帮忙，按道理，齐国理应表示感激。齐桓公想的是，宋国是个比较强大的诸侯国，且爵位在齐国之前，是一个强敌，若叫宋国臣服，还要采取一定的手段。如果急于求成，恐怕有点难，所以一切还是小心进行为好。

两个国君就这样一边暗自思索形势，一边笑容满面地谈着话。正在这时，忽听前面传来阵阵车马之声。有人来报，陈国、邾国、蔡国的诸侯各自带领人马先后来到。齐桓公接报，快步来到众人面前，双手一拱，高声喊道：“诸位国君如期到来，寡人甚是感激！”

各位诸侯也都笑吟吟地拱手还礼，齐声说道：“祝贺齐君奉诏举办此次会盟，我们谨祝举办成功！”

接着，几个人挽着手，先到屋中饮茶，而后，一起参观了会坛。但见四周旌旗飘扬，耳闻鼓乐喧天，各种设施齐备，众人好生喜欢。

按照商定方案，应当来九个诸侯国的国君，可是等了四天，除了宋、陈、邾、蔡四国外，其他诸侯国的国君都没来。那这个盟会还召开不召开？齐桓公举棋不定。

管仲担心，如果再等下去，没来的还是不来，来了的等得不耐烦了就想回去，这样一切计划就无法实施了。于是，他对齐桓公说：“俗语道，三人为众。现在是五国聚会，完全可以按时举行，如果改变会期，等于言而无信，是称霸的大忌。凡是不按期来会的都是不遵王命的，日后再议。而君上这是第一次会合诸国，绝对不能失去信用！”

齐桓公点头称道：“好吧，如期举行！”

周釐王元年，即公元前681年的三月一日上午，风和日丽，五国诸侯会集于坛下。相见礼毕，齐桓公首先说道：“诸公，这些年周王室衰弱，天下混乱。寡人奉周天子之命，会群公以匡周室，今日之事，应当首先推举一人为主，然后才可以实施周天子的旨意。大家商量商量，谁最合适？”

来的这些国君，都不是寻常之人。他们都听出了齐桓公话中的弦外之音，陈、邾、蔡等国的三位国君交头接耳，悄悄议论起来，唯独宋桓公御说独自站在一旁，沉默不语。

按照当时的惯例，周王室给各诸侯的爵位分为公、侯、伯、子、男五个等级，等级中，权力不同，尊卑有序。宋是公字国，居于首位；齐、陈、蔡均属侯，居第二位；只有邾国，位居子位。这样算起来，应该推宋国为主。可是宋桓公御说嗣位不久，各个方面还不成熟，还得依靠齐桓公帮助他安定君位。宋桓公也知道自己目前的情况，思之再三，发话道：“还是齐桓公来担此重任吧，寡人心悦诚服，请您不要推让！”

余下的三个诸侯，其国家经济实力和军事力量多不如齐国，所以也一致说道：“宋桓公所言极是，我等均无资格为主，齐桓公您就坐上首位吧！”

众人把话说完，齐桓公还未反应过来，管仲忙说："君上，人家公推于你，还不快谢谢大家！"

直到这时，齐桓公方弯下腰向大家深施一礼，说道："既然大家如此信赖寡人，寡人只好从命。好，大家请登坛定盟！"

齐桓公带头，宋桓公次之，第三是陈宣公，第四是蔡哀侯，第五是邾国国君，五个人一起登上坛顶，两边钟鼓齐鸣，奏起齐国音乐。音乐声中，五位国君先在周天子位前行大礼，然后齐声说道："天子在上，我齐、宋、陈、蔡、邾五国，奉王命今日结盟于北杏，日后同心勠力，扶助王室，兴邦建国，共同御敌，永不反悔！"礼毕，大家互相道贺，共叙友情。

司仪隰朋此时双手捧着竹简，在天子位前跪读道："周釐王元年的三月一日，齐小白、宋御说、陈杵臼、蔡献舞、邾克，从天子之命，会于北杏，结盟友好，日后携手，抵御外敌，平定内乱，济弱扶倾。有违反盟约者，列国共伐之！"众人齐声应诺。

会盟结束，齐桓公首先向大家说："寡人受周王所托，征询各位尊意，今宋桓公已经执政，公推他为宋国国君，想必大家都能承认？"

"齐桓公所说对极，宋桓公执掌宋国，宋国定会日益强盛，国泰民安！"陈、蔡、邾三国国君听见齐桓公这样讲，谁还有异议发表？干脆来个顺水人情，大家都好罢了。

此时的宋桓公并未因为齐桓公的举动而高兴，也未因为大家的赞许而欢喜。他想，这些都是欺人之谈罢了，周釐王哪还有什么权威，封赏大家？即使你们不承认，我还不是一样执政为君，这些都是装模作样而已。想至此，他也没有半点谢意，只是象征性地咧嘴一笑。

既然一切程序完成，就该进行下一步了。众人一起到馆舍用餐，期间，共同举爵，齐声庆贺。虽然大家心思各异，但还照样虚与周旋下去。

从表面来看，这次会盟进行得很顺利，四个国君也很客气，但其实他们都不服气齐国，只是心存畏惧罢了。四个国君中，最为明显的是宋桓公。用餐期间，宋桓公看到齐桓公和管仲兴高采烈的样子，一边喝着酒一边想：你齐桓公有何资格来当霸主？凭什么对我们指手画脚？

宴会结束后，宋桓公回到住处，和等在这里的随从们一说，大家便七嘴八舌地议论起来，都说不能待在这里了，干脆回去处理国事。于是，宋桓公没有和任何人打招呼，就回了宋国。

宋桓公不辞而别，齐桓公知道后非常生气，管仲也觉得很没面子，当初是他主张找周釐王讨来旨意，召集各国诸侯予以承认宋桓公的国君地位。现在一切办妥了，宋桓公却来了个不辞而别。所以，后来宋国背叛盟约，当齐桓公与管仲商量要征伐宋国时，管仲当即点头答应。

为了显示自己的威望，齐桓公在征讨宋国前，向陈国、曹国提出了联合伐宋的想法，陈、曹两国惧于齐国的强势，也就不得不答应下来。于是，齐桓公首先会同这两个国家的兵马，向着宋国行进而去。

那日，当军队走到半路时，齐桓公看到路旁有一个放牛人，此人二十出头，正在悠闲自得地唱着歌，歌词大意：世道不平，人心不古，长夜漫漫，何时到头。

齐桓公坐在战车里，想道，此人实在胆大，目前齐国国势强盛，百姓安居乐业，怎么能说是长夜漫漫呢？于是，就让兵士把他带过来。

这个人见了齐桓公，毫无惧色，依然傲慢无比，问道："你是齐国国君吧？何事找我一个平民百姓？"

齐桓公见他如此傲慢，便生气地问他："你叫什么名字？家住何方？"

此人回答："我家就在前边一个村，本人叫宁戚，请问君上有何见教？"

齐桓公见此人不卑不亢，心中对他渐渐有了好感，脸色也缓和了，说："目前天下归一，心向齐国，诸侯景仰，前途光明，你怎么唱出基调如此晦暗的歌曲呢？"

宁戚冷冷一笑，回答道："请问君上，我唱的哪句不实？说齐国百姓安居乐业，说你现在又为盟主，攻无不克，战无不胜，其他诸侯国没有谁不听你的，但我觉得都属言过其实。谁人不知，你当国君之初，累遇险境，与鲁国交战，又被曹刿打得大败而归。你说你是盟主，可召集会盟之时，仅有四个诸侯国前来参加，其他诸侯国均未理睬，何来天下归一，怎讲前途光明？我真为你汗颜！"

宁戚这番讽刺的话语使得齐桓公满脸发烫，怒火升腾而起，他大喊一声："无知愚民，气煞人也！来人，推出去砍了！"

面对如狼似虎的几个兵士，宁戚毫无惧色，他哈哈大笑起来，说道："别人都说齐桓公开明，礼贤下士，而且心胸宽广，今日一见并非如此，与昔日的夏桀、商纣王无异，也是一个昏庸、滥杀无辜的暴君。可惜管仲一世聪明，辅佐于你，实乃糊涂之举！"

宁戚此时提到管仲不是没有原因的，原来就在前一天，管仲从这里路过时遇见了放牛的宁戚，管仲对他青睐有加，方叫他在这里等候齐桓公。

宁戚当时在一片草地上放牛，这些牛很听宁戚的话，只要他吹吹口哨，牛就在各自的区域吃草。若是有牛到处乱跑，他的哨音一响，牛就会立即停下来。这天，管仲从这里路过，正好看见放牛的宁戚。管仲到近前一看，发现宁戚长相不凡，面带福相，日后定会大有作为。经过一番长谈，管仲发现宁戚不仅对自己问的问题能对答如流，还能说出一些两军对阵、管理军队等方面的军事知识。于是，管仲向宁戚说出了自己的姓名和职位，要宁戚在这里等候齐桓公的到来，说报上他管仲的名号，必能得到重用。

宁戚很有头脑，他想，自己没有见过齐桓公，也不清楚其为人，还是得打探一番方能下决定，因此，才有了刚才的一幕。

齐桓公冷静了一下，心想，此人绝非等闲之人，不然不会提及仲父，于是忙叫人将宁戚带到跟前，亲自松绑，边松绑边说："先生莫怪罪，寡人只是想试试先生的胆量，今日一见，先生果然胆识过人！"还是齐桓公会说话，寥寥数语，就把刚才的不快抹平了。

宁戚把管仲让他在此等候的事情说了，又对齐桓公说："君上，我并非真心辱骂您，如果您是昏君，我宁戚还会在此等候多时，投奔您吗？我只是试试您的气量！"

齐桓公觉得宁戚果然有胆有识，于是与他谈论起天下事。宁戚分析问题深刻、明晰，很有道理，深得齐桓公赞赏，齐桓公决定重用他，就拜他为大夫，为他安排了一辆马车，让他跟随自己一起前去攻打宋国。

这一日，齐桓公率兵到达宋国边界，与管仲及陈、曹两国的军队会合。齐桓公准备下令攻城，宁戚却劝阻道："君上，我们不能轻易出兵，我们的大军抵达宋国边界，宋国不敢放肆，我们应先礼后兵，看宋国能不能心悦诚服地归附我们。如果他们不归附我们，我们再发兵也不迟啊！"

齐桓公觉得很有道理，但这时有的大臣说道："宋国首先对我齐国无礼，无视我齐国，还讲什么礼不礼的，干脆直接攻打它算了。如果找人去劝说，劝说不成再攻打，恐怕那时宋国已做好了应敌准备。"

宁戚说道："我齐国军队远道而来，宋国早已知晓，岂在乎这一时半刻？如果它不归附，一定早已想好了对策。另外，我齐国霸业初成，别人无礼，我亦无礼，岂不是一丘之貉？这样，其他诸侯国也不会诚心归附我们！"

齐桓公点头称是，马上派宁戚前去说服宋桓公。

这边，宋桓公和众臣正在商议对付齐国的办法，准备和齐国决一死战，忽听有人报："齐国使臣宁戚来见！"

宋桓公并不知宁戚是何许人也，也从来没有听说过宁戚这个名字。宋桓公身旁有个大臣，名叫戴叔皮，他对宁戚非常了解，就对宋桓公说道："宁戚原本是卫国人，一个放牛的，在路上骂了齐桓公几句，齐桓公反而觉得他有才能，后来拜他为大夫，他一定是作为说客而来的。"

宋桓公问道："我们该怎么办？"

戴叔皮答道："这好办，叫他进来，到时候看他怎么说，如果有不妥之处，臣就扯一下君上的衣服，君上就命人将他拿下！"

宁戚被人带到宋桓公跟前，只见他面无惧色，昂然上殿，根本没把两边的武士放在眼里。见到宋桓公，宁戚不卑不亢地拱了拱手说：“报告宋桓公一个不幸的消息，宋国大难临头了！”

宋桓公听到宁戚这样一说，顿时惊得目瞪口呆，盛气凌人之势也消失得无影无踪。他知道自己有些失态，赶紧故作镇定地说：“宁壮士何出此语，宋国乃一等公爵诸侯国，有何大难临头？”

宁戚哈哈一笑说道：“宋国是一等公爵诸侯国不假，但是并不强大，宋桓公不能礼贤下士，有才能的人不可能辅佐于你，天下百姓也不会顺从于你，这不是大难临头是什么？你的做法有违盟国章法，今天齐国兵强马壮，齐军在外安营扎寨，准备随时攻进城来，这难道不是危机吗？”

宁戚的一番话说到了宋桓公的心里。宋桓公刚想说话，早已忍无可忍的戴叔皮扯了一下宋桓公的衣服。可宋桓公认为宁戚说得很有道理，不但没有下令杀宁戚，反而走到宁戚面前，请他坐下。

宋桓公的这个举动气得戴叔皮干瞪眼，可是没有办法，君不下令，臣焉敢胡乱动手？两边的武士也都像泄了气的皮球，紧握剑柄的手也松开了。

宋桓公赔着笑脸问道：“齐国军队压境，宋国应如何应对？”

宁戚答道：“目前情况非常明显，齐强宋弱，如果硬拼，不仅给宋国黎民百姓带来灾难，还会使宋国国力受损。依我之见，不如和齐国重修旧好，承认齐桓公的霸主地位，有事相互商量，履行订立的盟约，这样也显得宋桓公心胸开阔，能成大器，宋国的未来也大有可观，这样有何不好？”

宋桓公听了宁戚的话，觉得非常有道理，于是，备上厚礼去见齐桓公。两个人一见面，哈哈一笑，握手言和。宋桓公称齐桓公英明大度，齐桓公夸奖宋桓公知错就改，双方表示，以后同心协力，共同御敌，为周王朝贡献各自的力量。

这次齐国与宋国重修旧好，宁戚立了很大的功劳。他不辱使命，凭借三寸不烂之舌说服了宋桓公，使齐国没用一兵一卒就达到了目的。回国后，齐桓公授予宁戚殿前侍卫之职。

公元前679年，齐桓公接受卫国的邀请，与卫、宋、陈、郑等国国君在卫国的鄄地重新召开盟会，会上，齐桓公又被推为大国盟主。自此以后，齐桓公在管仲的辅助下，终于实现了称霸诸侯的愿望，为齐国各个方面的发展打下了坚实的基础。

随着霸主地位的确立，国内经济实力的大增，齐国的势力越来越强大。就归属范围来看，附近的大部分诸侯国都已臣服于齐，东面远离齐国的莱夷族，迅速归顺；南面有对抗行为的郯国，已被荡平；西南面的鲁国，又与齐国重修旧好；隔着鲁国的卫国，在大势所趋下也与齐国建立了亲密关系。这样，在黄河与淮河之间的广大中原地区，齐国已经没有了可与其对抗的敌人。

公元前678年，即齐桓公六年，鲁、宋、蔡、卫等国都先后臣服于齐国，谭、遂两国早已被灭，齐国基本上已无后患。现只有郑国，因为内部不安定，还没正式归附齐国。原来的国君郑厉公将怀有异心的子仪杀掉，接着又杀了支持子仪的大夫傅瑕，逼死了大夫原繁，登位称君。郑厉公去世后，郑文公即位。

郑文公是个迂腐怯懦之人，没有主见。本来齐国召唤周边诸侯国实行联盟，郑国也在其列，可是，郑文公因为受了一些人的挑唆，不想参加盟会，便婉言拒绝了齐桓公的相邀，为此，齐桓公很生气。

这天，齐桓公又在宫中思谋如何招揽郑国之事，想了很久，也没有想出一个好的办法，于是派人去请管仲，共同商讨这件事情。

管仲接到旨意后，立即来到齐桓公宫中。见管仲来到，齐桓公说道：“仲父，今日请你前来，主要是商讨一下郑国之事。他们不听召唤，汝之奈何？”

管仲因为不知齐桓公的想法，就问道：“君上如何打算？”

“寡人准备前去征服，大军一到，郑国就会老实了！”齐桓公自信地说。

管仲一听，马上摇摇头说：“不妥，不妥呀！”

“这是为何？仲父请道其详！”齐桓公问道。

“若是叫微臣来说，这个简单，只要四个字就够了。”管仲伸出四根手指说道。

“哪四个字？”齐桓公问。

“以德服人。”管仲一字一顿地说。

“以德服人？”齐桓公不太明白。

“是的。自古以来，对具有异心的国家，应当用礼法，也就是使用德行使其臣服，只要我们做到以礼相待、以德服人，就不愁郑国不归心。这远比使用武力征服要强百倍！”管仲胸有成竹地说。

“那么，具体应如何实行起来？”齐桓公紧接着问管仲。

“简单得很，仍是下发请帖，召开会盟会议！”管仲肯定地说。

“那如果郑国不参加呢？”齐桓公继续问道。

“臣觉得，只要我们态度诚恳，说明白利害关系，郑国不会不来，如还不来，再行武力也不迟！”管仲回答。

于是，在管仲的提议下，齐桓公邀请鲁、宋、陈、卫、郑、许、滑、滕等国在幽地会盟。

会盟进行了三天，期间，众人畅所欲言，气氛相当活跃。会盟结束后，其他几国诸侯都带着齐国所赠礼物欢欢喜喜地回去了，只有一个人悄悄地留了下来，那就是郑国的太子华。

这天晚上，齐桓公准备休息，没想到侍者领太子华来到面前。

“你怎么还没回国，这么晚了，可有什么事情？”齐桓公看到太子华还没回去并突然到访，感到有些诧异。

“齐桓公，我有话要讲。今日会议当中，唯恐人多嘴杂，故留下来与您单独说！”太子华非常神秘地凑到齐桓公跟前，悄悄地说。

齐桓公更是感到惊奇，问道：“何事如此私密？”

“齐桓公您可知道郑国这几年为什么‘朝齐暮楚’，三番五次地来回折腾吗？”太子华一脸神秘地说。

“哦？你说说看。”齐桓公来了精神，直觉告诉他，太子华今晚要说的事情不寻常。

“那是因为郑国有三大家族：泄氏、孔氏、子人氏。他们扰乱朝政，父君之所以几次不来会盟，都是因为他们从中教唆。”太子华说道。

其实，太子华也不是良善之人。他非常清楚，郑国迟迟不加盟，一直是齐桓公的一块心病。他要以此为切入点，撺掇齐桓公使用武力，以打击郑国这三大家族为名，顺便推翻郑文公，他好尽早即位。

齐桓公说：“如果太子所说是事实，可真是太可恶了。你打算怎么办？”

“齐桓公如果帮助我铲除三大家族的势力，我当上国君后，郑国将永远是齐国的臣国，往后对齐国言听计从！”太子华的这一番话使得他的狼子野心暴露无遗。其实，他最终的目的不过是借齐桓公之手，消除异己，稳固自己的地位罢了。

齐桓公听后，陷入了深思，这是一次政治投资，如果接受了太子华的提议，帮他扳倒三大家族，那就等于对郑文公施压，警告郑文公日后不能小觑齐国，也让其他诸侯见识一下齐国的威风。可是，如果这样做了就会有失德之嫌，叫诸侯背后多有议论。齐桓公沉吟一会儿后对太子华说：“这样吧，今日寡人已是很累，明日再议吧！”

这次齐桓公倒是聪明，因为关系重大，他不敢擅自答应，便找借口把太子华支走，马上连夜找来管仲。

管仲听到齐桓公这个时候召唤自己，心想必有要事，所以匆匆赶来。当齐桓公和他说完事情后，他的脸色马上阴沉下来。

齐桓公虽然是一国之主，但一切大小事情非得问过管仲才能放心。齐桓公见管仲这副模样，马上问道：“仲父，你说此事怎么办？”

“很明显，太子华想拿君上当作马前卒使唤。咱们前几天已经确定好了对外方针，就是施之以德，如果听从他的话语，将那三姓家族剿灭，郑国的百姓怎么看待君上，郑国的君臣又怎么看待君上？尤其是郑文公，怎还能心甘情愿地归附我国？”由于情绪激动，管仲说了很多。

“那么太子华来说此话，出于何意？”齐桓公不解地问。

管仲冷冷一笑，说道：“君上，你已不是原来的公子了，遇到事情，应当多想一些。这个人是个十足的小人，也是个居心叵测的野心家。若按他说的来做，齐国日后如何收服各国诸侯的心？怎能实现咱们的称霸愿望呢？”

一听这些，齐桓公受到了很大的震动，这些自己怎么没有想到呢？如果按照太子华的说法去办，不仅得不到任何好处，还不利于“以德服人”的治国大计的实施。好险！想到这里，齐桓公望着管仲作了一个揖，说道：“仲父请勿着急，也是寡人一时糊涂，差点听信小人之言。幸得仲父指教，寡人如梦方醒。仲父救下的不仅仅是寡人，还有齐国的前途大业！”

管仲听完齐桓公的话后，阴沉的脸色渐渐好转。接着，管仲一躬到底，说道：“方才夷吾一时性急，说了一些急躁之语，还望君上谅解！”

“好了，仲父，你再着急也是为了寡人，为了齐国大业。寡人不仅不责备，还要感激你呢！”齐桓公说。

接着，齐桓公对管仲说道：“下一步怎么办？太子华还在驿馆住着呢！”

管仲想了一下说：“君上可以直言不讳地告诉他，‘经过一夜思考，寡人认为郑国之事不宜外人插手。’余下的事情交由臣办就可以了！”

太子华得到齐桓公的回绝，怏怏不乐地回去了。随后，管仲派了个人去到郑国，和郑文公讲明，齐国以德治国，也要以德服人，只要按照周天子的指令办事，齐国绝对不会干涉他国内政，并且将太子华欲消灭三姓家族与妄图早日掌权的事情全部揭露出来。

这样一来，泄氏、孔氏、子人氏等三姓人家，恨不得将太子华一口吃掉。郑文公也对他这个儿子恨得咬牙切齿。

“这个吃里扒外的白眼狼，他的良心让狗给吃了！”郑文公得到消息后怒不可遏，大骂道，“寡人怎么有这么个不孝子！”

愤怒之余，郑文公也十分庆幸，幸好齐桓公头脑清醒，没有受到太子华的蛊惑跑来插手郑国的内政。现在齐国摆出了以德服人的姿态，郑国也不好再含糊，思来想去，郑文公决定主动派遣使者前往齐国，要求再次会盟，从此尊齐国为盟主。

就这样，原本不听召唤的郑国，终于加入了盟国，成了齐国旗下的一员。

经此一事后，郑文公便对自己的儿子太子华心生忌惮，唯恐他图谋不轨，抢夺君权。终于，在公元前644年的冬天，郑文公找了个机会，将这个居心叵测的儿子太子华杀掉，也除去了自己多年来的一块心病。

郑国归顺，当时的形势一片大好，齐国的威望也达到了顶峰。

此时，诸侯国中就剩下一个陈国没有明确表示加入盟国。其实，想让陈国归顺并不难，一是陈国国势衰微，二是陈宣公人品较好，只要陈说一下利害关系，他很快就会加入盟国。为此，齐桓公又召集管仲、鲍叔牙、隰朋等议论下一步该如何进行。谁知，刚把大家召集到一起，门外就有人来报，说陈国陈宣公派遣使者来到。陈国使者递给齐桓公书信一札，表示愿重修旧好。

齐桓公看完书信，拍手大笑说道：“真是好事连连，挡都挡不住啊，看看，陈国也来了！”

众人一听，也是非常高兴。现在，郑国、陈国都先后来加盟，齐国形势越来越好。齐桓公心想，既然周围的诸侯国都依附于齐国，自己可要好好地当这个盟主了。紧接着，齐桓公又找来几个心腹之臣，共同商讨日后的称霸大计，经过半天的议论，决定这年夏天在幽地再办一次诸侯会盟。

此时的齐桓公已非北杏会盟时的样子了。经过几年的磨炼，又亲身经历了战争，再加之深受管仲的教诲和影响，齐桓公在处理内政、外事等方面，越发显得老练达观。

对于此次幽地会盟，齐桓公早已心中有数，却故意笑着问管仲："仲父认为，寡人这次诸侯会盟，应以什么样的标准进行？"

管仲听到齐桓公这样问，并没有直接表态，而是反问道："君上准备如何操作？"

齐桓公真的成熟了，见管仲如此一说，马上回答："寡人还是没有想好，仲父你就说说吧，叫我们大家听一听！"

旁边的鲍叔牙、隰朋也都催促道："相国快讲，我等洗耳恭听！"

这个场面，管仲再不表态就说不过去了。他轻咳一声，开口说道："在下觉得，会盟有两种形式，一种是'衣裳会盟'，另一种是'兵车会盟'，各有不同！"

管仲顿了一下，站起身来，齐桓公急忙催道："此话怎讲？仲父快说！"

"'衣裳会盟'，就是简单朴素，摆出一副平易近人的姿态；'兵车会盟'，就是摆出诸多的兵车战马，大肆地炫耀武力，给人一种震慑之感。"管仲看了大家一眼，继续说，"所谓会盟，只不过是一种形式而已，盟主也只是一个名号，没有威望，仅凭借周天子之命或靠武力威慑，会盟只是有其形而无其实。想那年北杏会盟，咱们倒是摆了许多的兵车，借以炫耀了一番齐国的武力，可是，仍有诸侯国没来，来的看了以后也无好感。若没有霸主的气势，仪式再隆重，也改变不了其实质。现今君上威名远扬，虽说不上名震天下，但在众诸侯中也已经有了一定的威严，渐渐有了中原霸主的气派。可以说，正是到了不求其形、只求其实的时候了。兵车之会，多是为了平定战乱，讨伐不服，震慑天下诸侯之用；衣裳之会，多为解怨修好，征服民心所用，以营造一种欢快平和的气氛。此次会盟，陈侯、郑伯主动请盟，参与的诸侯越多，知道陈、郑两国主动请盟的人就越多。若再轰轰隆隆地驰来上千辆的兵车，惊天动地，虽然阵势很大，却会使到会的人们心有余悸，对君上怀有戒心。所以，还是以'衣裳会盟'为好！"

齐桓公静静地听完管仲的话，说道："仲父所说非常在理，寡人完全赞同，这次会盟就作衣裳之会吧。"

公元前667年，也就是周惠王十年，齐、鲁、陈、宋、郑等五国诸侯在宋国的幽地会盟，此次会盟形式十分简单。齐是盟主国，郑、陈是新加入的盟国，宋是东道主。这次会盟之所以选择在宋国的幽地举行，主要是因为郑、宋两国有世代积怨，两国以会盟的形式坐在一起，齐国可从中调解。请鲁国参加，则是因为现今齐、鲁两国关系已呈亲善状态，将鲁国请来，一是巩固一下双方的关系，二是让其凑个数目。这次会盟，参与的国家虽不多，但意义重大。上次会盟，五个诸侯各个心怀叵测而强装笑颜，而这次都是心平气和的。四个诸侯在齐桓公的带领下，共议结盟抗拒外敌，期间，谈笑之声不绝于耳，气氛融洽。

会盟仪式结束后，齐桓公设宴席盛待各位诸侯及随行大夫。席间，大家频频祝酒，欢声笑语不断。

酒至半酣，鲁庄公端着酒爵，望着他的三舅齐桓公说道："齐桓公该交鸿运，得了一个管相国。"说完，脖子一仰，把一爵酒灌进肚中。

陈宣公自北杏会盟以来就一直与齐交好，只是近两年才有了一些芥蒂。他对管仲更为熟悉，也接口说：“如果齐桓公答允，陈国愿出兵车千辆换取管相国。千辆兵车，那等于陈国的半壁江山啊！”

郑、宋两君也说了一些仰慕的话语。

听到大家的话语，齐桓公好不得意。他站起身，边喝酒，边高兴地说：“这是老天帮助寡人，给寡人一仲父。仲父之于寡人，犹如人的魂魄之于躯壳，失了魂魄，小白岂不只剩一具躯壳？”

管仲见众人对自己如此赞颂，后脊梁直冒冷汗。他清楚地知道，这其中既有赞颂，也有妒忌。“木秀于林，风必摧之”，他非常懂得这个道理。于是，他慌忙离席，向众诸侯施礼，说：“各位国君对管某的赞扬，实有言过其实。当初，鲁庄公如果听从施伯大夫的话，管仲就是有几颗脑袋，也早已被摘掉；我家君上如果没有度量，就是几个管仲，也都成了箭下之鬼。还是两位国君看重社稷，以百姓为重，不计前嫌，不积私怨，才有了管仲的今日辉煌。对此，管仲感恩戴德，厚恩难忘！”

说至此，管仲举起酒爵，望着大家又说：“为了感激诸位国君的厚爱，微臣提议，共同干此一爵！”说完，一饮而尽。

随着管仲的提议，众人一起欢呼起来，各自把酒喝干。接着，管仲又说：“今日盟会，承蒙诸位国君光临，这是周天子的荣耀，也是各国百姓的福祉。万望各位国君以社稷、百姓为重，同心协力，勤修内政，亲善睦邻，尊重王室，鞭笞邪恶，扶助弱小，使天下永享太平，各国长治久安，百姓从此免遭战乱之苦。微臣认为，诸位国君此举，必将千古流芳，名垂青史！”

管仲的一番话，又把众人说得抚掌大笑，无不赞叹他的宏图大论。

正在此时，又发生了一件事，给这次会盟增添了喜庆气氛。

大家刚把手中的酒喝完，门外有人来报，说周天子的使臣到来。不管周天子此时多么软弱，但毕竟还处在统领天下诸侯的位置上，于是，大家赶紧出去迎接使臣。

使臣进到屋中，齐桓公将他请到正席落座，问道："使君来此，有何事吩咐？请直言相告，各国国君正好在此！"

使臣清清嗓子，从怀中掏出竹简，说道："给齐桓公道喜，今日奉惠王之诏，赐命齐桓公为'方伯'，继承太公的职位，并执掌对天下诸侯的征伐大权！"说完，将竹简递予齐桓公之手。

齐桓公恭恭敬敬地将竹简接过来，放在太公的画像之下，并说："谢周王赐命之恩，小白定当不负重任，辅佐王室，统领诸侯，完成大业！"

余下的四位国君也齐声给齐桓公道贺："祝贺齐桓公承担重任，我等定当遵从指令，保佑周室兴旺发达，完成共同大业！"

至此，齐桓公以"尊王"的名义，当上了日思夜想的盟主，也终于获得周王室的正式承认，达到了"上应天时，下顺民心，四野归服"的目的。从此，在齐国"尊王"的旗帜下，整个黄河下游地区的大小诸侯国结成了一个庞大的集团，齐桓公也成为名副其实的中原霸主。

正当齐桓公与大家欢喜地庆祝时，使臣又掏出了一道竹简谕旨，交予齐桓公之手。齐桓公一看，是周惠王要自己代他征讨卫国。缘由是，当初周惠王刚刚即位时，五大夫叛乱，卫惠公曾援助周惠王之弟公子颓与周王室抗衡，并且从不向王室缴纳一分费用，而且过去十年，卫国一直很嚣张，这口恶气实在难出。所以，周惠王想请既为盟主又是方伯的齐桓公代为惩治卫国。

这个周惠王真是聪明，不做赔本的买卖，刚刚给了齐桓公一个合法席位，又马上给了他一个不大不小的任务。趁着这个高兴劲头，齐桓公没有细想，痛痛快快地答应下来，并对使臣说道：“请回复周惠王，小白定不负重托，不日就起兵伐卫，敬请放心！”

使臣高兴地回去交差了。众位国君见事情业已办完，也辞别齐桓公和管仲回国了，只剩下齐桓公还沉浸在高兴之中。众位国君离去后，管仲却高兴不起来。他知道，周惠王和卫国的卫懿公并无多大的芥蒂，根本用不着齐国发兵征伐。周惠王之所以有此谕旨，不过是想试探一下齐桓公是否真的“尊王”，也乘机试一下自己这个堂堂天子是否还有威严。

公元前666年，齐桓公做好了一切准备，要去征伐卫国。

其实，齐桓公早就有教训卫国的想法，但因师出无名，又有管仲的阻拦，一直没有办成。一开始，管仲为什么不愿意齐桓公出兵伐卫呢？因为他认为，卫国只是个柔弱小国，齐国这么一个大国前去征讨，在天下诸侯看来，必有以大欺小之嫌，无形中就降低了齐国的威望。可是现在，偏偏周惠王给了齐桓公一张“虎皮”披在身上，让齐桓公代为出兵讨伐卫国，如此一来，也就不怕别人诟病了。因此，当齐桓公命令管仲随他出征时，管仲只得点头应允。

这年春天，和风荡漾，杨柳吐丝，满怀信心的齐桓公点齐精兵八千人、兵车五百辆，亲自率领部队出征讨伐卫国。这是齐桓公称霸以来，第一次秉承周天子的谕旨，讨伐诸侯国。

卫懿公于周惠王九年，即公元前668年即位，即位还不到两年，没有经过大风大浪，尚不知道齐国的厉害。他听说齐桓公亲率大军犯境，未作军事分析，就昏头昏脑地率军应战，结果犹如鸡蛋碰石头，两军刚一交锋便溃败。直到齐桓公率大军乘胜追杀，直逼城下，隰朋大声宣读周天子的讨伐谕旨，数落卫国的罪状时，卫懿公方才醒悟，明白自己为何受到讨伐，便大呼冤枉。卫懿公认为那些事都是先君卫惠公干下的，与他没有丝毫关系。于是，卫懿公备下五车金银玉帛，命人送到齐军大营，请求讲和、免罪和入盟。

齐桓公问管仲："仲父认为，此事应当如何处理？"

管仲一看机会来了，就说："周王朝有制度，本人有罪不牵累子孙。卫国既然愿意遵从王命加入盟约，应该答应他们的请求才是！"

齐桓公点头称是，接受了卫国的讲和，然后，一面派使臣向周惠王报捷，一面整顿兵马班师回朝。

齐桓公是在公元前685年这一年即位，几年后开始正式称霸，直至公元前659年，在长达二十六年的时间里，会盟诸侯、德武并举、东征西讨，建立并巩固了齐国霸业。这一时期，由于全面实行管仲制定的内政外事政策，齐桓公的兴霸事业蒸蒸日上。

公元前652年，一件大事发生了，周惠王突患重病，一夜之后去世。周惠王的去世对周太子郑的打击很大，太子郑很是焦虑，按道理说，先王去世，长子接班嗣位，这是天经地义的事，他理应高兴才是。然而，此时此刻的太子郑却欢喜不起来，看着周惠王的尸身，欲哭无泪。这是什么原因呢？

原来，去世的周惠王生前娶了一名陈国女子当王后，即惠后。惠后为周惠王生下了一个儿子，这个儿子就是王子带。由于周惠王十分宠爱惠后，惠后生的儿子王子带自然也是得宠之人，周惠王在世时多次想要废长立幼，将王位传给王子带。可是，由于这件事的保密工作没做好，齐国得到消息，认为这是有违祖制的逆事，于是齐桓公出面干预，周惠王惧怕齐桓公的势力，最后才不得已打消了废长立幼的念头。虽然如此，王子带却没有放弃嗣位的念头。

对于自家弟弟的野心，太子郑早就看在眼里，记在心里。眼下先王驾鹤西去，太子郑深知，一旦发丧，王子带一定不会心甘情愿地让自己接班掌权，到时候必定闹事。为了稳妥起见，太子郑决定，暂不发丧。

但是，人死了总不能停放家中不发丧啊，太子郑思来想去，这才想到了齐桓公。他想，要是让这个有实权又有实力的霸主出头，可能对王子带有震慑作用，也能帮助自己日后顺利登基。于是，没过多久，一封来自洛邑的密信送到了齐桓公手上。

看着眼前的密信，齐桓公得意地笑了。他知道，这又是一次提升自己的地位与威望的机会。机不可失，时不再来。齐桓公立刻将管仲叫来，二人就太子郑的求援信展开了讨论。

“仲父，这件事情你怎么看？”齐桓公想先听听管仲的想法。

“君上不要犹豫，该出手时就出手。太子郑就是下一任周天子，未来的天下共主，如果让他顺利登基，他会永远对君上感恩戴德，由此以来，也能让其他诸侯国看看齐国的实力和威望！”管仲建议痛快地答应下来。

“仲父所说对极，那么下一步我们具体该怎么做呢？”齐桓公接着问。

“君上，您还记得上一次周天子想要废长立幼时，太子郑的地位是怎么保住的吗？”管仲卖了个关子。

“上一次？你让寡人想想，哦，对了，寡人想起来了，是首止会盟。仲父的意思是说，我们可以再召开一次诸侯国联盟大会？”

“君上就是聪明！”管仲赞许地点点头。

于是，公元前652年的春天，盟国大会在洮地召开了，这次的会盟史称“洮地之盟”。

郑国是个有“前科”的国家。为什么这么说呢？首止会盟时，郑文公自作主张，不辞而别；宁母会盟时，郑文公的儿子吃里扒外，蛊惑齐桓公。鉴于前两次的经验，齐桓公这一次并没有将请帖发给郑国，以免会盟期间又出什么不快之事。但令人惊奇的是，郑文公这一次似乎格外积极，无论如何也要来参加会盟。

郑文公非要参加，齐桓公也拦不住，来就来吧，大不了多设个席位就是了。就这样，盟国大会在洮地顺利地召开了，此次会盟的与会成员国有很多——齐国、鲁国、宋国、卫国、许国、曹国、郑国、陈国，还有周王室。齐桓公组织这次会盟的目的只有一个，那就是高举“尊王”的旗帜，拥护周王室太子郑即位，任何诸侯国都不能随意扰乱和动摇。

洮地会盟很快结束了，太子郑回朝后，长舒了一口气。他知道，自己登基嗣位的大局已定，所以，他重新张罗起为周惠王发丧的事宜。完毕后，太子郑正式举行了登基仪式，是为周襄王。眼看形势一片大好，然而，有一个人却在暗中握紧了拳头，那就是王子带。

与王位失之交臂的王子带，心有不甘，在权力欲望的驱使下，王子带决定寻找外援，借助外力夺权。借助谁的力量呢？王子带想到了居住在北方的戎人。戎人原本就有侵占中原的野心，这次王子带来到他们这里，哭诉了周襄王对他的排挤和打击，并答应将周襄王赶下位后，分给他们大片的土地。于是，王子带联合戎人进攻周朝国都，一时闹得人心慌乱，一片狼藉。

周襄王见贼人势力很强，便向齐国求助，齐桓公就联合几个诸侯国，起兵平叛，很快就把戎人赶跑了，作乱的王子带也在混乱当中狼狈地逃往他国。至此，周朝又暂时稳定下来。

五、成事在谋，然后可成

| 管仲助攻实现“攘夷” |

自从幽地诸侯会盟以后，中原地区出现了前所未有的安定局面。之前长时期的诸侯割据、相互征战，给黄河下游的黎民百姓带来了巨大的灾难，土地荒芜，人口锐减，饿殍遍地，到处是一派凄凉之景。现在，由于多个诸侯国的会盟，彼此间加强了团结，减少了摩擦，各国的百姓终于可以无忧无虑地生产和生活了，这不得不说是齐桓公的功劳，当然也是管仲的功劳。

随着局势的稳定，国内解除了后顾之忧，管仲精心谋划的“尊王攘夷”的大政方针中，“尊王”也已实现，下一步就该“攘夷”了。

攘夷，就是为了保卫本国和周边同盟国的利益，使用武力手段对来犯的北方少数民族进行征伐。攘夷的对象主要是居于北方的，即现在河北北部和介于辽宁西南部的山戎，再就是位于现在山西、内蒙古南部的赤狄和夷狄。

管仲认为齐国下一步应该攘夷，但却遭到齐桓公的反对。齐桓公说：“仲父所言差矣，眼前我们的心腹之患是位于江南的楚国。楚成王任用子文为令尹，改革政治，治兵重武，任贤用能，经过几年的治理，国家逐渐强盛起来。随着势力逐渐增强，楚成王的性情越发狂傲不羁，早已不向周王室进献贡品，并时有觊觎中原的野心。如此大的威胁，一日不除，寡人寝食难安呀！”

管仲听齐桓公这样讲来，也未着急，缓缓地说：“君上所虑，确是实情。楚国目前实力雄厚，兵精粮足，绝非中原这些小国那样不堪一击。正如您所说，他们早已冷淡了周天子，如果像对其他诸侯国那样，我们拿着一道号令就想令它臣服，恐怕难以办到！”

齐桓公听见管仲这么一说，知道管仲明白了自己的意思，于是就说：“仲父明白就好。那么，我们下一步将如何进行？”

管仲笑了一笑，说道：“君上勿要心急，您的盟主之位刚刚稳固，诸侯基本也都臣服于您，国内黎民百姓理应安居乐业，得享几年太平日子。如果不是发生关乎某一盟国兴衰存亡的大事，还是尽量减少征伐出兵吧。如果轻易开战，劳民伤财倒是小事，失去各地诸侯的拥戴，可是大事一桩！”

此时，齐桓公正在静静地听着，并未发言询问。于是，管仲接着讲出了他的意见，说：“依臣看来，现今最为稳妥的做法，当为树立权威，广积德义，继续走富国强兵之路，待到时机成熟，再起兵伐楚不迟！”

君臣正在谈论间，近臣忽然进来报告：“门外来了燕国使者，紧急求见君上、相国！”

齐桓公还未说话，管仲马上接口说：“燕国地处燕山一隅，路途遥远，没有紧急事情是不会轻易来此的！”

齐桓公也速速说道：“快快让他进来！”

没多久，近臣将燕国使臣领进来。来人躬身一拜，说道："苏方拜见齐桓公，拜见相国！"

齐桓公马上说道："免礼平身，何事前来齐国？"

苏方马上拿出一份竹简，说道："这是臣君上写的，请国君过目！"说完，递给了齐桓公。齐桓公看了一眼，又交给管仲看。

原来北方的山戎攻打燕国，因来势凶猛，燕国抵挡不住，故遣人前来向齐国求救。

齐桓公问管仲："仲父你看这事儿如何办？"

管仲马上回答："按道理来说，我们理应安息休养，不涉战事。可是，现在山戎侵犯燕国，燕庄公派人前来求救，若是齐国置之不理，唯恐失去天下人心！"

"也是这个道理，这山戎真是可恶，屡屡进犯周边国家，不打击一下他们的气焰，他们就要天下称王了！"齐桓公气愤地说道。

"对，君上所说对极，只有打消山戎的嚣张气焰，解除北方的后顾之忧，日后方能安心征服楚国！"管仲表示同意。

在这个问题上，君臣二人的想法一致。二人最后商定，整顿一下就出兵去救燕国，讨伐山戎。

山戎是我国春秋时期北方的一个少数民族，曾建有一个小国，叫作令支国，即今河北省迁安、迁西和滦县北部地域。它的西北方向是位于现今北京附近的燕国，东面是位于河北省卢龙县周边一带的孤竹国。此地山高林密，地势险要。在两千多年前，山戎人多以游牧为生，且善于骑射，各个骁勇善战，具有很强的战斗力。因为国内多是山区，少有农耕，缺乏粮食，国王密卢就经常派遣军队到周边国家进犯骚扰。当时的齐鲁北部常遭抢劫，甚至出现杀人越货的事情，弄得百姓很不安宁。尤其是距离山戎最近的燕国，更是深受其害。密卢听说齐国在搞诸侯会盟，唯恐燕国也被拉了进去，给本国带来危害，所以使出蛮横伎俩，分派大将速买带领骑兵进犯燕国都城，并扬言如果燕国去和齐国会盟，就要踏破燕国城门。

燕国国君燕庄公听到这个消息后，一边紧闭城门，加强防御，一边派人去齐国送信求援。

知道了详细的情况后，齐桓公和管仲等人一商量，就带领人马浩浩荡荡地奔向燕国都城。

此时，令支国国王密卢带着人马正在燕国都城下面耀武扬威，突然接到快马报告，说齐国大军将到，领兵的除了齐桓公外，还有管仲。密卢感到很是不解，齐国怎么这么快就得到了消息？他不相信齐桓公来得如此迅速，于是，自己带着几个亲信，骑上快马，到前边察看。

密卢他们几个走了不足十里路，只见前边尘土飞扬，带有“齐”字的旗帜红彤彤的一片，一排排马拉战车如潮水般涌了过来。齐桓公坐在指挥车上，披挂整齐，威风凛凛，另一辆战车上则坐着指挥官管仲，只见管仲帅服着身，手握令旗，指挥着浩浩荡荡的大军直扑而来。

密卢看后，顿时吓得胆战心惊，二话没说，调转马头带着人马回到自己的军营。到军营后，他命令部下赶紧撤出燕国。

齐国大军一到，立刻解了燕国之危，城里的燕庄公喜不自禁。燕庄公带着众大臣来到城门外，迎接齐桓公等人，齐桓公也走下车来，两个人喜笑颜开，一起往燕庄公宫中走去。

到了宫中，大家一一落座。燕庄公对着大家躬身施礼，说道：

"承蒙齐桓公带兵前来解围，不然，凶悍的山戎兵攻进城中，生灵涂炭，鸡犬不宁。此恩此德，寡人和燕国臣民永记心中！"

齐桓公见燕庄公如此诚恳，心中一阵大喜，他伸手扶起燕庄公，说道："燕公不必如此谦恭，燕国与齐国唇齿相依，我们前来相助，也是天经地义！"

接着，燕庄公来到管仲面前，拱手说道："多亏管相国指挥有方，大军声名远扬，山戎望风披靡，寡人不胜感激！"

管仲立即还礼，说道："管仲并无多大才能，完全仰仗我家君上深仁厚泽，任人唯贤，全体将士勠力同心，方有齐国今日的繁荣兴旺！"

双方寒暄了一阵，燕庄公早已吩咐手下设好宴席。就这样，一顿丰盛的庆功宴将欢乐的气氛推到了高潮。

此时的齐桓公与燕庄公都有了醉意。燕庄公端着一爵酒，摇摇晃晃地走到齐桓公跟前，说道："感谢齐桓公，今日来个一醉方休！"说完，仰脖把酒喝尽。

齐桓公也是满脸兴奋，笑着说道："燕庄公实在客气，你我同为周朝臣子，相互帮助，理所应当。好，寡人也喝一爵！"而后，也是把一爵酒一饮而尽。

当然，其他将士也是连吃带喝的一片热闹。

所谓"众人皆醉我独醒"，此时的管仲，无比清醒。他看到这个场面，心想：这算什么胜利？有何功劳可庆？山戎兵是自动撤退的，我方大军并没有与他们交手，谁敢保证以后他们不再来犯？这样下去实在是个危险的征兆。想至此，管仲走到两个连喊带吵的将士面前，"啪"的一声把手中的酒爵摔到地上，高声喝道："成何体统，丢失颜面，来人，每人掌嘴十下，以作惩戒！”

一语话了，立即上来几个士兵，将打闹的两个将士带到旁边，每人打了十个嘴巴，众人方清醒些。

管仲这一举动，分明是杀鸡给猴看，于是大家都不再吵吵嚷嚷。齐桓公与燕庄公也都目瞪口呆，拿着酒爵站在原地，愣愣地看着管仲。

一见发生这种情况，随军同行的鲍叔牙明白了他这个挚友的用意。其实，他对众人骄傲自满的表现也很反感，只不过没有管仲的魄力罢了。见管仲此举，他当即说道：“管仲此举甚善，刚把山戎人马吓走，我们就这样不管不顾地大吃大喝，如果敌人回来偷袭，如何应对？”

鲍叔牙的话语已经说得十分明白了。他的话一方面是训斥那些将士，一方面也是说给齐桓公和燕庄公听的。

齐桓公何等的聪明，见管仲与鲍叔牙都这个态度，也立即深明其意。他当即将一爵酒泼在地上，对燕庄公说道：“燕庄公，寡人酒已喝多，能否就此结束？”

燕庄公也非等闲之辈，他已经听出了齐桓公的这两个股肱之臣所说之话的弦外之音，这时又听见齐桓公如此一说，也微微一笑说道：“齐桓公所说极对，寡人本来不胜酒力，今见到众人前来相助，况且敌兵也退，故弄些菜肴招待，若有不妥，还望众位海涵！”

至此，管仲方走到两位国君面前，低头说道：“君上，燕庄公，刚才夷吾见几个下属放纵失态，没有征得你们同意就擅作主张，加以呵斥和训诫，想来实有不妥，还望二位国君恕罪！”

“好啦，仲父良苦用心，寡人和燕庄公知晓。现在，咱们商量下一步该如何办吧。”齐桓公打了个圆场，微笑着对大家说。

管仲微微一笑，继而又严肃地说道：“夷吾是这么个看法，山戎这次不是败走，而是撤退，这就意味着日后他们还会有入侵的可能！”

燕庄公说道：“对，管相国所说极对，寡人怎么就没想到呢？那以后怎么办呢？”

齐桓公也跟着说：“山戎向来野蛮，这次没有捞到便宜，以密卢的脾气，他绝对不会善罢甘休的！”

“为了去除后患，目前只有来个斩草除根，一举将他们消灭！”管仲斩钉截铁地说。

“此言甚善，寡人赞同！”齐桓公高兴地说道。

燕庄公更是欢喜得很，这分明是帮助他们打仗，到哪里去找这么好的事情，所以，他的表态更是积极。

管仲见两位国君都很赞同，思索一下又说：“只是这一带地形复杂，我军从未到过这里，道路生疏，行军困难，须有向导引路方能顺利前进。望燕庄公能找几个可靠的人带路，直取令支国！”

燕庄公痛快地答道：“仲父勿忧，距此地不远的东侧有一个小国，名唤无终，那里的人虽然也是山戎，但因受到令支国国王歧视，经常被排挤打压。无终国国王榻米与寡人交情深厚，多次与寡人说要和令支决裂。这次我们可以派人去和他们结好，把他们招来带路！”

事已定妥，第二天，管仲就派隰朋带着大量的金和玉帛去无终国结好。无终国早就受够了令支掠夺侵扰之苦，国王榻米总想报仇雪恨，但苦于独力难支，打不过令支。这次听说齐国大军要收拾他们，自然相当高兴，当即就同意出兵，并派大将虎儿斑率领本国两千骑兵，跟随隰朋前去助战。

齐桓公和管仲亲自接见了虎儿斑，问了些话，又给了他不少财物，令他作为前队，为大军带路。虎儿斑非常高兴，率领本国骑兵在前面开路，齐军紧随其后，大军浩浩荡荡在山中行进，直奔令支。

大约走了一百里路，管仲见山路险要，问燕庄公说："这是什么地方？"

随行的燕庄公回答说："这个地方叫葵兹，是山戎进入燕国的要道。"

管仲听了，朝周围看了一下，对齐桓公说："这个地方很重要，应当放一部分军队把守，并在此负责转运粮草。如果这儿不放军队，敌人一旦占领，就会截断我军粮道，后患无穷！"

齐桓公立即答道："那就劳烦仲父安排吧！"

管仲将兵车、粮草分了一半交给鲍叔牙和高黑带领，让他们驻扎在葵兹，又叫士兵上山伐木、采石，在葵兹筑关修城。筑好后，管仲又让士兵歇息三天，且让那些有病和体弱的士兵留下，专门挑选了身强力壮的士兵，昼夜兼程，急速向令支进发。

此时的令支国国王密卢正在宫中与文武百官议论何时再征伐燕国之事，忽然，门外有人来报："大王，大事不好，齐国大部队来了！"

密卢一听，大惊失色，忙问："敌军现到何处？"

"现在离此不足十里！"来人说道。

一听齐军逼近，密卢惊慌失措地说："这如何是好？"

这时，大将速买走上前说："大王不必惊慌，齐兵长途跋涉，必然疲惫不堪，趁他们立足未稳，可以来个突然袭击，定可一举获胜！"

密卢长叹一声，说道："可恶齐国，管这个闲事。速买将军，就麻烦你替本王走一趟吧！"

这个速买真不简单，领命后，带领三千骑兵四散埋伏在山谷丛林之中，专等齐兵到来。

这边，先锋虎儿斑带领着本国骑兵在山谷里前进。突然，前边冲出一支骑兵，有一百多人，挡住虎儿斑的去路。

虎儿斑坐在高头大马之上，恶声恶气地问道："何处人马，敢挡大军之路？"

速买骑着一匹白马，来至近前，一看，认识这个虎儿斑，哈哈一笑说道："我当是何人前来挑战，原来是虎儿斑。看来，你们是背叛了山戎，要当齐国的奴隶了！"

虎儿斑大喝一声，骂道："呸，卑鄙令支国的狂徒，整天到处骚扰邻国，使百姓不得安宁，若不把你们消灭，天理难容！"说完，挺着长矛，刺向速买。

速买赶忙举起大刀相迎，两个人都很勇敢，武艺也不分上下。他们一来一往，战了几个回合后，速买装作抵挡不住，逃入林中。

虎儿斑带着士兵紧紧追赶，刚要进入丛林，忽然响起牛角号声，令支大队兵马从四面八方冲出，潮水般地把虎儿斑的两千兵马冲成几段，使其首尾不能相顾。尽管虎儿斑拼命厮杀，但人员混乱，士兵死伤大片，几次突围都没成功，眼看就要被活捉，情形十分紧急。

正在危急时刻，忽听人群中响起一声大吼：“住手！”话到人到，只见齐国大将王子成父手持一杆画戟，骑着骏马杀了过来。他冲入速买的部队，如同虎入羊群，连杀带刺，英勇无比，杀得令支人马死伤大半，虎儿斑迅速得救，速买带着残兵败将狼狈而逃。

王子成父率领人马，继续追赶。因为此地山高林密，沟壑纵横，加之对地理环境不熟悉，齐国大军向东追了很远，也没有追上速买及其剩余的人马。正在此时，管仲带领队伍赶了上来，问明情况，说：“坐下再议。”

管仲来到燕庄公跟前，问道：“请问燕庄公，前面这座山叫什么山？此地距离令支都城尚有多远？”

燕庄公想了一下说：“此为伏龙山，山下不远便是令支都城。”

齐桓公一听，大手一拍说道：“那就一鼓作气，拿下都城，免得日后再生是非！”大概觉得自己的决定有些唐突，就又问管仲：“仲父看这样安排是否妥当？”

管仲想了一会儿，回答说：“君上所讲，倒是可以。不过，令支城郭临山而建，险峻而又坚固，他们若是死守，恐怕会给我们造成大量的伤亡！”

“那如何是好？”齐桓公与燕庄公几乎同时问道。

“依微臣之见，我们先在伏龙山安营扎寨，因为部队行军多日，人困马乏，暂且先休养生息一段时日。这样做的好处是，一来养精蓄锐，准备再战；二来麻痹令支部队，诱使他们前来偷袭，我们事先埋伏好兵马，待他们来袭时，一举歼灭！”

两位国君听了，觉得非常有理，于是点头答应。管仲指挥王子成父、东郭牙在伏龙山东侧山下各设一营，齐桓公和燕庄公在山上设营，将山上山下三个营均用连接在一起的兵车围了起来，形成一座“车城”。这样一来，易于防守，敌人骑兵不易冲入。

这个方法很快就得到大家的赞同。

而那一边令支国国王密卢召集群臣商量对策。一名谋士进言道：“齐军那日取得胜利，忘乎所以，必得疏于防范，不如趁着夜间，杀他一个回马枪，定能取胜！”

密卢一听，非常赞成，让全体将士吃了一顿饱饭，连夜与速买率领一万多骑兵，前去偷袭齐营。结果，到得跟前，齐军燃起火把，喊声震天，密卢和速买带人一连冲了好几次，都被“车墙”挡住，不能冲入，并被杀死多人。一见齐兵有了准备，密卢大声喊道：“赶紧撤退，咱们中计了！”

此时，管仲见时机已到，就命令虎儿斑带领人马追杀密卢等人。虎儿斑因为吃过亏，急于报仇，听到命令后，立即率领本部人马飞速杀出，直奔敌人而去。

这时，站在旁边的隰朋有些担心地说：“相国，密卢很是狡猾，虎儿斑如此冲出去，有诈怎么办？”

管仲不慌不忙地说：“将军请放心，管某早有准备。”说罢，命令道：“王子成父将军，请你率领一支军队，从左侧杀进敌营，不得有误！”

王子成父领命走了。管仲接着又命令道：“东郭牙将军听令，请你带领一队人马，从敌营右侧杀进，务必与左军相互接应，专杀山戎伏兵！”

正如隰朋所说，这个密卢确实非常会用兵。他在进攻齐军时，唯恐中途有变，就将一股军队留在山谷中埋伏起来，等到齐军来到时，趁机伏击。

此时，虎儿斑带领着燕军人马正好追杀过来，埋伏在山谷中的山戎人马先让密卢等人通过，等到求胜心切的虎儿斑来到时，忽听得一声牛角号响，一队人马一齐涌出向着他杀了过来。

这个情况，管仲在山头上看得非常清楚。他看见追杀虎儿斑的山戎兵正好全部进入包围圈，便下令击鼓。顿时鼓声震天，王子成父、东郭牙两路大军突然冲出，杀声震荡山谷。

这突如其来的情况使得密卢不知所措，速买也慌了手脚，无心再去应战。而速买只好保护密卢冲出重围，弃军而逃。

山戎兵将见主帅逃跑，一个个也都狼奔豕突地四散逃命了，在逃命的过程中，很多兵将都被齐兵杀死了。

密卢在速买的保护下，慌乱地逃回宫中。他气急败坏地说："齐桓公实在可恶，将我们打成这个样子，这个仇，何时再报？"说完，靠在座位上直喘粗气。

旁边的速买倒很沉稳，咬着牙说："此仇一定要报！大王不必沮丧，依臣之见，我们还有反攻的余地。我们可以利用险要地势，继续和齐兵对垒，经过奋力拼杀，定能转败为胜！"

此时的密卢像泄了气的皮球一样，没有一点儿精神。他看了速买一眼，没好气地说："转败为胜？谈何容易！"

速买往前一步说："大王请勿泄气，听末将给您分析。齐国如果进兵，黄台山是必经之路，此处关隘凶险异常，两旁高山夹持，中有窄路一条，大有'一夫当关，万夫莫开'之势。若以木石把道路堵住，多挖沟坑，用重兵把守，齐兵纵有千军万马，也难以越过。再说伏龙山方圆二十里，滴水没有，齐兵必要用濡河之水，如果我们把濡河截断，齐军缺水，将不战自退。然后，我们乘机追杀，定能大获全胜！”

密卢见速买振振有词，看了他一眼，说道：“简直说梦话，人马快被杀绝了，靠什么去拼杀？”

速买接着说：“大王勿急，人马好办！末将马上去孤竹国借兵求救，一定能够解我国之危！”

密卢听了此话，顿时精神起来，他大手一拍说道：“我怎么没有想起来呢，你速去孤竹国求援！”

令支国和孤竹国相距很近，孤竹国国王答里呵素来与密卢关系甚好，这次密卢派人前去求援，答里呵不可能置之不理。

管仲见山戎兵败退后一连几天没有动静，心生疑惑，于是派出人员打探消息。没过多久，派出去的人员就回报说：“黄台山山路已被山戎兵堵塞，他们闭门不出，不知何意。”

管仲听了，心想，看来密卢因为兵力不足，已经改变了策略，转攻为守，妄图凭借天险来拖延时间，等待援兵，绝对不能给他们喘息的时间，要一举将他们消灭。于是，管仲便亲自带领虎儿斑前往黄台山山口观察地形，只见山戎兵正在手忙脚乱地伐木、采石、挖坑、掘壕，直接堵塞山口通道。

管仲把黄台山山口的地形、敌情详细观察了一番，认为这个地方确实是“一夫当关，万夫莫开”的险要关口，要从这里进兵，势必伤亡很大。他来回地踱着步，思索着，忽然转过身来问虎儿斑：“除此路以外，还有别的道路可走吗？”

虎儿斑也在考虑道路的问题，他说：“这山下不远处就是令支都城。如果要走别的路，倒是有一条，但必须从大西南绕个大弯，经过芝麻岭，再越过青山口，然后一直向东去，再往北走五里路才到令支都城。但是山高路险，车马难于通行！”

“只要有路，上不去可以想办法。”管仲高兴地说，“你对这条路熟悉吗？”

虎儿斑“嗯”了一声。他们边走边谈，离开了黄台山山口。

管仲和虎儿斑等人刚回到营地，主管军需供应的易牙跑来报告：“相国，山戎将山下水源切断，军中没有水喝，做饭也很困难，这如何是好？”

管仲听后，当即一愣，山戎实在可恶，没有水源，别说打仗，就是生活都难以维持，怎么办？

管仲扭头问虎儿斑：“附近可有水源？”

虎儿斑马上回答说：“附近没有，就是往西走的芝麻岭可能有水，可是此处全是山路，崎岖难行，没有几天的时间难以到达！”

真是火上浇油！管仲来回踱着步，神情严肃，双眉紧锁。过了片刻，管仲命令易牙说：“传令，凿山取水，先得水者赏千金！”易牙应声而去。

管仲把将领们都召集过来，研究进军方案，大家七嘴八舌地讨论一番后，管仲当即下达命令：“东郭牙将军听令，命你率领一军，佯装回葵兹运输粮草，以此迷惑敌人。虎儿斑将军负责带路前行，经芝麻岭直插青山口，务必要在第六天的巳时，赶到令支国国都。记住，时间既不能延误，也不可提前。而后，我率领一军，每天都到黄台山山口挑衅，用于迷惑敌人。如果今天能找到水，明天一早就出发！”

众人得令后，尽皆散去做准备。管仲和隰朋走出帐篷，去了解找水的情况。他们两个举目看去，只见士兵满山遍野地乱挖乱掘，个个汗流浃背，满身疲惫，但就是一点水源也没见着。

见找不到水源，众人都很沮丧，就连隰朋也无奈地说："这么多人，没有水喝难以生存，实在没法子，就得拨马回师了！"

管仲看看隰朋，说道："将军何出此言，眼见大功告成，怎能半途而废？容我想想办法！"

看见管仲如此沉稳，大家都静了下来。管仲来回踱步，思谋着对策。他想了一会儿说："易牙，你速速带领人员在山上寻找有蚂蚁的地方，尤其是那低洼之处，有蚁穴，准有水源！"

易牙痛快地答应一声，带着一百多人在山上搜寻，很快就在一个向阳的山沟里找到了几个蚁穴。易牙大喜过望，吩咐众人顺着蚁穴拼命地挖，当挖了有齐腰深的时候，突然涌出一股水来，水越冒越多，一会儿便涌出满满一坑。

易牙高兴地说道："相国真神人也！"说完，灌了一壶水拿给管仲看。

有些口渴的士兵赶紧来到水坑边，掏出马皮水壶，灌了水就想喝，管仲立即加以制止："等等，不许乱喝！"

"为什么？"这些士兵拿着水壶，怔怔地看着管仲，不解其意。旁边的隰朋也问："相国，大家都渴极了，怎么不让饮用？"

管仲接过水来，看着这水如此清澈，也想喝上一口，可是，谁知道这水有没有毒，饮用之后有无伤害呢？于是，管仲当即把这个想法告诉了大家。众人点头称是。隰朋问道："仲父，如何测定这水有没有毒呢？"

管仲说道："这好办，易牙过来！"

易牙走过来，以为管仲要让他喝水，战战兢兢地说：“相国，我不想死……”

管仲训斥道：“胡说，谁叫你死？快去找只老鼠来，我有用处！”

易牙赶紧带着几个士兵走了，一会儿就捉来了两只大老鼠。管仲接过来，命人把老鼠嘴巴掰开，分别给它们灌了点水，观察了一会儿，见老鼠并无不良反应，往地上一放，很快跑得无影无踪，这才吩咐大家可以喝水。

就这样，水源的问题得到了解决，也去除了大家的后顾之忧。

管仲又开始考虑下一步进攻山戎的策略。他把东郭牙喊了过来，二人秘密商量了一个计策，并让东郭牙立即执行。

第二天，东郭牙在军中大造舆论，声言现在军中粮草缺乏，不能再战，需要立即回葵兹去运粮草。可是到了夜间，他却让虎儿斑带路，秘密地带领一队人马向芝麻岭悄悄进发。

这边，管仲每天叫王子成父、隰朋等带领众多兵丁，分批到黄台山山口挑衅，声言要大举进攻，将山戎部队彻底消灭。

面对齐军的叫嚣，许多山戎将士都沉不住气了，纷纷跑到宫中向密卢报告。可是，这个不知死活的家伙却依仗着地势天险，告诉将士们坚持死守，等待援兵就是。而他自己则在宫中吃喝玩乐，不问正事。一晃五天时间过去了，任凭齐军怎么叫喊，山戎就是死守城门，拒不出战。可是，到了第六天的上午，密卢正在宫中饮酒，传令兵大声报告说：“齐兵打过来了，离这不远了！”

“啊！”一听来人报告，密卢大吃一惊，端着的酒爵一下子掉在地上，酒水四溅，“怎么一点儿没有发觉？快点齐兵马，速速迎战齐兵！”

密卢披挂整齐，坐上一辆战车，带领兵马出城而去。可是，就在他出城以后，一队齐军却落荒而逃。密卢大喝一声：“哪里跑，我来也！”

就在他刚刚追出不远时，忽然来了传令兵，慌慌张张地报告：“大王，不好了，齐军杀进来了！”

密卢一听，又是“啊”了一声，险些从战车上掉下去。

随即，密卢反应过来：“我们中计了！”说完，命令部队快速向西撤退。

原来，这是管仲的调虎离山之计，用少量的人佯装攻城，把密卢骗出来，再做出落荒而逃的假象，而后，东郭牙带领人马，乘虚攻城。本来，令支所剩人马已经不多，大部分兵力都已被密卢带走，只留下些许老弱残兵守城，哪里经得起东郭牙的精兵强将攻打，没多大工夫，齐军就将城池攻下，彻底占领了令支国国都。

此时的管仲正率领一支兵马从黄台山山口冲过来，见东郭牙他们已经占领城池，就号令全军进城。没进城前，管仲就下达命令，整顿军容，列队入城，入城后，务须严守军纪，不许骚扰百姓，若有违反者，定斩不饶！

军令一下，齐军人人响应，将士有条不紊地进入令支国国都。城中百姓一见齐军如此仁义，非常高兴，立即提着铜壶、捧着奶食，立在道路两旁欢迎。

管仲与齐桓公风光地坐在车上，看着这个场面，喜不自禁。齐桓公说：“仲父指挥有方，没有费多大力气就将令支攻下，实乃奇功也！”

管仲当然高兴，可是他想了一下说：“君上，城里百姓如此欢迎咱们，依臣看来，咱们应下车安抚一下才是！”

齐桓公点头称是，马上与管仲及后面的燕庄公一起下车，态度谦和地向道路两旁的老人施礼问候。这些百姓马上跪下，高声喊道：“我们早已受够密卢之苦，感谢你们前来相救，我们给你们叩头了！”

见百姓如此诚恳，齐桓公、燕庄公与管仲都很是感动。管仲弯下腰来，伸手把大家扶起来，一一给予安慰。

齐桓公一行人来到密卢宫中，稍作休息后，随行的燕庄公对齐桓公说：“齐桓公，当前有一事需要紧急处理！”

齐桓公忙问：“何事如此紧急？燕庄公但说无妨！”

“就是上个月密卢掳来的百名燕国妇女，不知押在何处，应当快速救出！”燕庄公说道。

“燕庄公放心，我已打探清楚，就关押在前边一个大院中，派去的人就要把人救出来了！”管仲的话使得燕庄公马上放下心来。

没过多久，这些被掳来的妇女们被依次救出。她们在这里受尽了山戎士兵的欺凌与摧残，个个衣冠不整，面目憔悴。燕庄公见了，心里一阵酸楚，安慰大家一阵子后，就派兵将把她们都送回燕国了。

这时，齐桓公问管仲：“仲父，现在咱们已经占领令支国国都，就是密卢不知去向，若不将他捉拿，迟早还是祸患！”

管仲点头称是，他找来几个山戎士兵，问道：“尔等可知你们大王现在逃往何处？”

几个士兵战战兢兢地站在管仲面前，谨慎地回答：“离我们这里不远的东南方向，有个国家，名叫孤竹，孤竹国国王向来和我们大王密卢关系甚密，可能他已经带人逃到孤竹国借兵求援去了！”

管仲问：“孤竹国有多少兵马？”

“这个我等不知。”山戎兵回答，“孤竹在我们这一带是个强国，据说，兵多将广，谁也惹它不起！”

管仲问：“离这儿有多远？”

“不远，也就百十来里。”山戎兵说，“过去前边这座山，再绕过青龙河，就到了孤竹地界内。”

接着，管仲又询问了一些其他情况，才叫这几个士兵离去。管仲在屋内来回地踱着步，仔细思索着下一步的行动计划。对于要不要去攻打孤竹，他内心一直犹豫不决。

齐桓公看到管仲这样，就知道他一定又在思虑难事，问道：“仲父面有难容，莫非有要事担忧？”

管仲停下脚步，回答道：“微臣想到，咱们出来已有月余，几万人马费用明显不足。如果前去征讨孤竹，唯恐粮草接济不上，不攻又怕不能彻底制服山戎，所以臣决心难下！”

“仲父所说有理，此地距离齐国三千多里，跋山涉水，运送粮草实在不便，真是个难题呀！”齐桓公也是无计可施，想到这里，眉头紧锁。

真是天无绝人之路，也是山戎命该绝。正在君臣双双发愁之时，忽然有人来报：留在后方的鲍叔牙派遣大将高黑送来大批的粮草。

管仲听了高兴地说：“我的鲍兄真是‘及时雨’，太好了，孤竹和令支相互勾结，屡屡侵犯中原，对他们加以征讨乃是顺应天意和民心！”

齐桓公和燕庄公听了，也是抚掌大笑。接着，定下了征讨孤竹和捉拿密卢的计划。

此时的密卢带着令支国的残兵败将，狼奔豕突地向孤竹国逃去。孤竹国国王答里呵一向与密卢交情很好，平常无事时，二人也经常走动，相互赠送礼物。这次令支国有难，密卢直接投奔答里呵。密卢来到孤竹国后，抱住答里呵放声大哭。

答里呵见密卢这般模样，慌忙上前将他扶起，问道："兄弟，出了什么事，这么悲伤？"

密卢站起身来，悲切地说道："齐国仗着势力大，侵占了我国，如今国破家亡，兄长可要帮我报仇啊！"

密卢真是颠倒黑白，本来就是他无故侵犯燕国，屡犯中原，杀人越货，抢夺财物，齐国出于正义前来相助。但此时他却罔顾事实，倒打一耙，直说得答里呵怒气冲天，拍着桌案说道："齐国实在可恶，仗着国大兵多，前来相侵。兄弟，不必害怕，你既来相求，我决不坐视不管，一定帮你收复国土，打退齐军！"

听到这里，密卢赶紧两手在胸前抱拳说道："多谢大王恩德，只要能帮我收回国土，我将永生永世报答你的搭救之恩！"

"我们两国相处一向亲如兄弟，不必客气。"答里呵说，"我们这里有大山挡路，还隔着青龙河，等齐军到来时，我把所有竹筏都藏起来，叫他们根本不能过河。如果强行渡河，我就布置好弓弩手，箭如飞蝗，叫他们前进不得。待他们退走之后，我和你一道带兵杀回去，收回你的疆土。"

这时，孤竹国的大将黄花在旁说道："大王切勿大意，齐军也不简单，唯恐他们自己造筏，偷偷渡河。当今之计，需要用重兵把守河口，昼夜巡逻，方保安全无虞！"

答里呵说："此言甚善，就如此办，你去准备吧！"

却说齐国大军浩浩荡荡向前进发，一连翻过了几座大山，只见前边车马拥挤，不能前进。

管仲问："什么原因？"

士兵回报说："前边遇到悬崖峭壁，中间只有一条狭窄小路，还有一条大河，车马无法通行。"

齐桓公听了，神情紧张地对管仲说："此处地势如此险恶，若有伏兵，我们可就难以抵抗了！"

管仲想了一下说："君上勿忧，待臣先派个人前去打探一下再说！"说完，叫来两个年龄较大的士兵，吩咐他们："你们前去，一定要探明这条河叫什么河、水势大小、有多宽、有无渡河船只。速去速归！"

两个人答应后就离去了，大约过了两个时辰，二人返回报告说："此河名叫青龙河，河宽十米有余，水流湍急，没有桥梁，原来曾有船只渡河，现在都被孤竹人收缴管理，看来渡河非常困难！"

管仲听至此，思忖一会儿又问道："这儿离孤竹都城还有多少路程？"

站在旁边的虎儿斑回答说："过了青龙河向东，不远就是团子山，过了团子山便是马鞭山和双子山，这三座山连绵约三十里。据说在商朝的时候，这三座山的下面分别埋葬着孤竹国三位国王。过了这三座山，再走二十五里便是孤竹国国都无棣城！"

齐桓公着急地说道："既然如此，那就赶紧想办法渡河。虎儿斑将军，你熟悉这里的地形，要一马当先！"

虎儿斑当即答应："谨遵君命，我已找人问好哪里水浅，我这就带着本部人马从水浅处过河！”说完，转身就走。

“虎儿斑将军，暂且留步，请勿着急！”见虎儿斑就要走，管仲赶紧叫住他。

“仲父，这是为何？怎么不让他快去？”齐桓公着急地问道。

管仲见齐桓公如此着急，马上答道：“君上勿急，虎儿斑将军说要去水浅处渡河，很是不妥。因为容易过河的地方，孤竹人一定设有埋伏。依臣之见，应当专找那些水深和湍急之地。孤竹人认为难以渡过的地方，定会放松警戒，甚至没人把守！”

齐桓公听后，点点头说：“倒是有理，不过，没有过河的工具，也是一大难题呀！”

管仲说道：“君上放心，臣已命令易牙带领士兵去山上伐木砍藤，制造木筏，木筏做成后马上渡河！”

“那得多长时间？”齐桓公问道。

“最多也就三天，快了两天即可！”管仲胸有成竹地回答。

这天晚上，管仲来到制造木筏的地方，找到监工的易牙，说道：“易牙，工程进展如何？”

易牙回答：“相国放心，三天保证完成！”

“三天，好是好，就是没有赏赐了！”管仲故意卖关子说。

“怎么回事，还有赏赐？”易牙不解地问。

管仲一笑说：“是这样，君上说了，如果提前一天，每个人赏赐羔羊一只、青酒一斛！”

一听到这里，易牙高兴地拍手大笑：“这个赏赐可太大了，弟兄们，咱们连夜赶工，提前一天把筏子造好，有酒有肉，岂不是更好！”

管仲的几句话把众人的劲头鼓了起来。经过连夜赶制，结果整整提前一天，三百多只木筏全部造好。

接着，管仲召集将领部署进军方案，他说："把兵车全部留在石壁上，留下一小部分人看守，其余人马都抬着木筏下山，然后兵分两路。王子成父和高黑率领一路为正军，携带所有木筏，从右边深水处乘筏渡河，隰朋跟随君上接应正军；东郭牙和虎儿斑率领一路从左边蹚水过河，作为奇兵，要出其不意，我和燕庄公接应。两军过河以后，要在团子山下西侧聚齐。"

再说孤竹国国王答里呵正与密卢和速买在宫中与找来的舞女边跳舞边饮酒，正玩得高兴之时，大将黄花忽然闯进宫来，险些跌倒在答里呵面前。

答里呵高兴之际，被黄花一惊吓，不开心地说："看你那样子，为何如此惊慌？"

"齐兵正在渡河。"黄花惊慌地说，"整个河面上都是木筏，情况十分紧急！"

答里呵听了，不由地"啊"了一声，但马上回过神来，见舞女们仍然翩翩起舞，歌声欢快，大吼一声："滚开！"吓得舞女们一溜烟地跑开了。

黄花急忙问道："大王，如何是好？"

答里呵站起身来，着急地说："你快率领五千兵马，阻击敌人！"

坐在旁边的密卢此时更为难受。他想，孤竹国是因为自己才受到牵连，于是站起来说："我愿带领速买等人到前面打头阵！"

答里呵看了一下这个"祸害"，对密卢说："好吧，麻烦你们君臣二人带兵前去把守马鞭山，我这里准备一下，随后也去！"

密卢点头答应，找到速买，领兵去了。

此时，孤竹国的大将黄花披挂整齐，挺着锋利的画戟，骑在高头大马之上，领着两千骑兵，直迎齐国军队。到大渡口时，正好遇见齐将高黑，双方立刻交战在一起。这个黄花三十几岁的年纪，身高七尺，膀阔腰圆，武艺精湛，手中的画戟舞动起来，如风车一般，和高黑战了几个回合，越战越勇。高黑不习惯骑马作战，哪能敌得过黄花，眼看体力不支，就要败下阵来。正在这时，王子成父率领大军赶到，紧接着，齐桓公与管仲的大队人马也一起到来，将黄花团团围住。常言道“好汉难敌四手”，任凭黄花武艺再高，能力再强，来了这么多虎狼之师，也难以取胜。没过多久，黄花就被打得狼狈不堪，手下的兵将一个个倒在刀枪剑戟之下，余下的也无心恋战。一见这个形势，黄花赶紧杀开一条血路，带着三五百人，冲出重围，直奔团子山。他知道团子山是孤竹国的屯兵要地，易守难攻，打算先上团子山，然后再作计较。谁知刚到山下，却见山上插着齐国旌旗。原来东郭牙和虎儿斑率军蹚过河来，已攻占了这里。黄花又惊又气，他怕被齐军发现，只好丢了战马，打扮成砍柴的人，从山沟里的草丛中爬过山去。

黄花偷偷地爬过团子山后，步履蹒跚地来到马鞭山下，见山上都是山戎兵，不禁大喜，于是脱去伪装，又换上了自己的战袍，一步步地进到马鞭山的军营之中，只见帐篷正中坐着密卢和速买，正在说着什么。黄花走到跟前，羞惭地低下头。

密卢看见孤竹国的大将如此狼狈，知道战斗已经失利，却装作不知，笑着问道：“黄将军，怎么如此萎靡，你把敌兵都打退了吧？”

黄花的心中本来就很窝火，受到密卢的戏谑，更是恼恨起来，但厮杀了那么长时间，感觉很疲惫，也就没有精力和闲心跟密卢计较了。黄花拿眼斜了一下密卢，没有搭理他，只坐在一旁喘气。

密卢见黄花这个样子，恼羞成怒，刚想发作，又一想，现在在人家地盘上，不管什么情况，也得先忍着。于是，密卢又说："黄将军，你怎么只身跑到这里来了？"

听到这里，黄花感觉受到了讥讽，大声说道："跑回来，也比你们躲在屋中当缩头乌龟强，有能耐别往孤竹国来呀，有本事去打齐军啊！"说完，甩手退出帐篷，骑上马，一路疾驰，奔向国都无棣城。

到了无棣城，黄花跪在答里呵面前，自请兵败之罪。此时的答里呵正和宰相兀律古商量应对齐军的对策，见黄花到来，便让他把兵败经过叙述了一遍。

叙述完兵败过程后，黄花气愤地说："齐兵前来我国，都是密卢这厮招惹的祸害，我们和齐国一无冤，二无仇，本来都是相安无事。这次臣受到挫折，密卢不仅不出兵相助，还躲在帐篷里吃喝玩乐，更可恶的是，还戏谑臣一番。依臣之见，不如把密卢和速买这两个祸害宰了，送给齐国，以求与他们和解，免得再招无辜之罪！"

听至此，答里呵点点头，不过又说："密卢穷途末路，在毫无办法的情况下投靠了我们，我们怎么能因为一时怨气杀害他们？将军不必难过，此次兵败责任在我，都是我没听你的话才失败的。"

黄花见自己的建议没被答里呵采纳，心中甚为不快，一声没吭，甩手退了出来。

黄花走后，答里呵也觉得不是滋味。正当他举棋不定之时，身旁的宰相兀律古不慌不忙地对答里呵说："大王不必心焦，臣有一计，可转变目前的局势！"

"什么计策，快说！"答里呵催促道。

等到兀律古将计策说出来后，答里呵哈哈大笑说："你不愧为我的'臂膀'，此计一出，定叫齐军有来无回！"

兀律古说的是什么计策呢？原来，距孤竹国西北三十里处有一片草木不长的沙漠地带，此处一望无际，杳无人烟，人们都称那里为旱海，又叫迷魂谷。春、夏、秋三季，一遇晴天，那里就炎热异常，烘烤得人难以驻足；雨天，雾气蒙蒙，潮湿阴暗，人到那里，如同进了迷魂阵，难辨南北。到了冬天，西北风呼呼刮来，寒冷异常，别说人，就是野兽进去，能够出来的也是极少数。所以，兀律古妄图以这个死亡之谷战胜齐军。难怪答里呵高兴得大笑不止。

答里呵笑完后，又问："如何叫齐军深入里面呢？"

兀律古回答说："大王勿忧，如果叫黄花将军前去诈降，把齐兵诱到迷魂谷里，我们在那儿等候，待他们混乱之时，趁机杀出，齐兵必败无疑！"

答里呵不解地问道："为何单叫黄花前去诱降？如何诱法？"

"这很好解释，"兀律古说，"黄将军刚刚败于齐国，正在沮丧之时，偏偏回来又遭到密卢的耻笑，如果他此时投降齐军，齐军一定会相信的。而后再将齐军带入迷魂谷，咱们取胜就大有希望了！"

随后，答里呵将黄花叫来，又将兀律古的主意说给他听。

"宰相所言对极，臣愿意前往！"黄花非常痛快地接下了这个任务。

“那就这么办吧，不过你要多加小心。”答里呵问，“你去诈降，要带多少兵马？”

“一千骑兵足够。”黄花高兴地说。

得到允许后，黄花领着人马出发了。黄花骑着高头大马，耀武扬威，边走边想如何取信齐军。用什么方法呢？想着，忽然一个念头在脑子里闪现：这个密卢是个祸害，并且那样对待我，真是可恶至极，不如把他杀掉，用他的人头作为诈降的见面礼，岂不更好？可是如果杀掉密卢，大王一定会怪罪我，那时又怎么说呢？然而黄花又想，不要紧，只要能把齐军带进迷魂谷，战胜齐军，他就成了有功之臣，杀掉密卢之事，也许大王就不会怪罪了。想至此，黄花决心杀掉密卢，然后向马鞭山疾驰而去。

黄花到了马鞭山上，赶紧进入密卢帐中。

这个密卢真是个不知死活的家伙，眼见着死期就要到了，还一副盛气凌人的样子，见黄花带兵前来，仍不屑一顾地说道：“将军带兵前来，是来找齐军报仇，还是前来给我助战？”

黄花看了他一眼，心想：你也不用阴阳怪气地嘲笑我，一会儿你就知道自己的结局了。不过，为了稳住密卢，黄花并未与他争辩，顺口说道：“是的，一起攻打齐军！”说完，站在密卢背后，四周看了一眼，见只有大将速买在一旁合着眼，似乎在思谋事情，就高声说道：“大王，你看速买将军睡着了！”

密卢听黄花这么一说，马上回头看。黄花走到密卢背后，冷不防地拔出宝剑，一下子将密卢人头砍下，这个家伙哼都没哼一声，翻身栽倒在地，一股热血喷出好远。

此时，合眼静思的速买听到动静，睁开眼睛一看，大叫一声：

“捉拿刺客！”立即抽出腰刀去和黄花拼命。

黄花快速地纵身跳出帐篷，骑到马背上，招呼带来的士兵，将冲出帐篷外的速买团团围住，没多久，这个忠心于密卢的大将就被众人乱刃分尸。

黄花见已经达到了目的，便割下密卢的人头，用一块白布包住，又带领士兵，来到齐军营外，大声叫道：“孤竹国黄花前来投降！”

齐兵忙进到营帐将此事汇报给管仲，管仲听后，大手一挥，命令道：“带他进来！”

黄花从身上解下宝剑放在地上，把密卢的头提在手中，扔下马匹，在几个齐兵的押解下来到帐篷中见齐桓公和管仲。

管仲看了黄花一眼，高声问道：“你是孤竹国大将军，前不久还曾与我等厮杀，今日为何前来归降，莫非来此诈我？”

齐桓公也冷冷一笑，说道：“仲父所说很对，前来诈降者，速速斩首算了！”

面对此景，黄花并未慌乱，只见他沉稳地说道：“齐桓公与管相国所虑，相当在理。不过，我战败后回到孤竹国，却遭到密卢这厮的嘲讽与我家大王的谩骂，我刚争辩几句，大王就要将我斩首。在众人的劝谏下，大王方饶我一命！”黄花说完，打开布包呈上密卢的头颅，然后放声大哭起来。

“那你如何杀得密卢？”管仲问道。

黄花停止了哭泣，回答道：“我一气之下退出来，为了孤竹国，我多年来披肝沥胆，忠心耿耿，没承想遭到我家大王的无情责骂，这个密卢就是万恶之首，不是他从中撺掇，孤竹国哪有如此灾难？皆因于此，我一气之下将他杀死，便来投靠齐桓公。如此处不容我，我马上另去他处！”

管仲看黄花一眼，问：“现在你家大王身居何处？”

黄花不慌不忙地回答：“我们大王唯恐你们进攻，带着部队往北边逃去，听说要到别国求援借兵，如果现在追赶，保证将他擒来！”

尽管黄花说得挺真切，可管仲还是狐疑不定。黄花怎么能如此轻易归降？说话的神态怎么这么镇定？莫不是早已策划好了？

因此，管仲并未表态。但是，齐桓公见黄花带来了密卢的人头，就信以为真，当即对黄花说：“既然你真心来降，寡人就命你为先锋，先带兵拿下你们的国都怎样？”

“齐桓公英明！”黄花立即答应，并带领本部人马在前面带路，齐国大军随后，向着孤竹国国都无棣城进发。

当行至城下时，只见城门大开，大军顺利进入城中，里面没有一个人，这里早已成为一座空城。

见到这种情形，齐桓公得意地对管仲说：“看来黄花是真心投降，他说的一点儿也不错，答里呵已经带着部队逃走了，要不要乘胜追击，免得他们得到喘息之机？”

管仲想了一会儿说：“答里呵去往何处咱们都不知，千万不能光听黄花之言，最好找一些百姓问个究竟！”

高黑领着几个人四处去找百姓，却不见一个人。这时黄花走过来，对齐桓公说：“齐桓公，答里呵一逃，百姓也就跟着逃走了，快追吧，等答里呵从别国借来援兵攻打过来，就不好办了！”

齐桓公听罢，当即对燕庄公说：“请燕庄公在此守城，我们往北去追击答里呵！”

燕庄公点头答应："那么辛苦齐桓公了！"

这时，黄花来到齐桓公面前，说道："我熟悉这里的地形，让我率领本部在前面带路如何？"

齐桓公还未答言，管仲走过来说："黄将军既有此意，倒是可以。"接着，转身对高黑说："黄将军人马不多，万一途中碰上答里呵的部队就会吃亏，你可与黄将军一同前往！"

高黑说："谨遵相国命令！"

黄花带领自己的兵马在齐军前面带路，高黑紧随其后，越走越快，几个转弯就把齐军大队人马远远甩在后面。齐军紧紧追赶，当来到一片无边无际的沙漠时，却不见黄花等人的影子。

此时，齐桓公也有些着急，唯恐天黑道路更加难走，于是传令："加快速度，找到黄花人马！"

此时正值农历十一月末，白昼特别短，阴沉的天空雪花纷飞，大风呼呼地卷起黄沙和雪花，像刀子似的打在人脸上，让人睁不开眼睛，马站立不住，士兵们更是冻得直打哆嗦。这天，因为行军急促，众人都没有好好吃午饭，现在连冻带饿，有些体质不佳的士兵支撑不住倒了下去。

骑在马背上的齐桓公和管仲也冻得浑身发抖，他们只好下马，在沙漠里艰难行进。齐桓公问道："这是什么地方，环境如此恶劣？"

管仲想了一下说："臣在出发之前曾问过一个此地的老兵，他告诉臣，这里有一处旱海，环境恶劣，地面荒芜，一片沙漠，人们如果误入里面，就很难脱身。看来，这里就是旱海，我们中黄花的诡计了！"

“那怎么办？”听到此处，齐桓公着急了。

管仲回答说：“当今之计，只有命令大军不要再往前走了，后队变作前队，立刻返回。”

此时，已无他法，如果还是原地不动，那就只有等死了。齐桓公立即把手一挥，命令道：“全军返回！”

风越刮越大，一时间，天昏地暗，风沙肆虐，齐军人马根本辨不清东西南北，一会儿向东，一会儿向北，在沙漠中来回转了好几圈还是没有走出去。只听几个士兵说：“咦，怪呀，怎么又转回到这棵枯树这了？”接着，有个将军模样的人也说：“真是的，怎么又转回来了？”

我们到底在什么位置呀？众人一片惊慌。

管仲走到人群之中，在漆黑的夜色里想利用星斗来判定方向，可是四面混沌一片，去哪里看星斗呢？看不见星斗，更是难以辨别方向。在这样的环境中来回走动，一会加大队伍的混乱程度，二会消耗将士的体力。于是，管仲当机立断，下达命令：“原地不动，就地休息，等天亮了、风停了再走！”

全军将士都停止了前进，大家挤在一起，利用身体的温度互相取暖，抵御着寒冷的侵袭。有的士兵甚至原地跺脚，“咚咚”的声音传遍夜空。

黑夜即将过去，昏暗的天空中闪现出一片亮光。现在大家终于明白了，亮起来的地方就是东方。天终于亮了，大家的心情也逐渐平稳下来。管仲叫士兵击鼓鸣金，大声叫喊，召集失散的人马。这时，只见王子成父带着人马赶来，叹道：“可找到你们了，整夜也没闲着，就像无头苍蝇一样，到处乱撞！”

管仲抬头看看这个带兵的将军，气喘吁吁的，满脸沙土，不由得一阵心酸。他用沉痛的声音问王子成父：“人马可有损失？大约损失了多少？”

王子成父把头一低，叹了口气说：“一言难尽，损失惨重，就是在战场上也从来没有这么大的伤亡！”

二人谈话间，东郭牙、虎儿斑等各队人马也都陆续归来。管仲对王子成父说：“现在，人马已经聚齐，赶快整合队伍，趁着风势稳定，速速离开这里！”

王子成父集合全军，各部将都清点了手下人马。大将只缺隰朋一人，其余都在，士兵和马匹损伤十之三四。管仲沉痛地说：“这里是茫茫沙漠，没有人烟，答里呵根本就不会到这种地方来，我们上当了。”

此时的齐桓公听说军队损失惨重，悲愤地说：“我们的兵马没有死在战场上，却死在这沙漠之中，实在令人痛心！”

管仲立即来到齐桓公面前，进行一番劝解：“君上不必悲伤，这里天气变化无常，谁也预料不到。依臣之见，趁着现在没风，赶快率部队出去，而后再想办法！”

齐桓公听了，点点头。管仲挥手，立即指挥齐军人马准备撤退。然而，要走出这片沙漠太难了，因为根本找不到回去的路。

齐桓公着急，可管仲比他还着急。管仲站在原地，时而看看愁眉不展的人群，时而看看疲惫不堪的马匹，看着看着，忽然想起一桩事情。那还是在他年轻的时候，他和鲍叔牙做买卖时，在山区买过一匹好马。这匹马浑身墨黑，唯有四蹄如雪，卖马人叫它“雪里站”。有一次经商，晚上住在一家店里，天明起床，发现马被人偷走了，他为此非常难过。没有了马，难以动身，他和鲍叔牙就待在店里。谁知三天后，两人正坐在屋中说闲话的时候，忽听到门外有马匹嘶鸣之声，两人出门一看，“雪里站”带着半截缰绳回来了，显然，这是它挣脱了束缚，拽断了缰绳，循着原路跑了回来。想到这里，管仲灵机一动，高兴地对齐桓公说：“君上，臣想到了一个主意。这些马都有灵性，它们都是在北方生长的，臣叫虎儿斑在他军中挑选几匹老马，放在军前让它们自己行走，大军随后跟上，也许能够走出困境！”

“这能行吗？”齐桓公半信半疑地问道。

管仲说：“可以试试，也许能行，不然的话，大部队总是在这沙漠中转来转去，士兵又饥又渴，怕支撑不住。如果再遇上风雪，就越发危险了！”

齐桓公无可奈何地摆摆手，说道：“事已至此，也无良方可想，只有试试看了！”

管仲叫虎儿斑挑选了几匹在沙漠以北长大的老马，把它们放开，让它们随意走去。只见几匹马都向着一个方向不慌不忙地走去，随行大军跟在后头，没多久便走出了沙漠。士兵们一看走出了沙漠，便高兴得欢呼起来：“出来啦！出来啦！”

始终紧绷着脸的齐桓公这时也眉开眼笑地对大家说：“老马识途，老马识途啊！”他连说了两遍，足以表达心中的喜悦。

再说黄花自告奋勇为齐军带路，他带领齐将高黑走在前头，越走越快，渐渐把齐军大队人马甩在了后面。高黑见此情况，心生疑惑，停了下来，对黄花说：“请黄将军稍停，等大队人马跟上后，再一块儿走。”

黄花脸上露出一丝假笑，说：“高将军不必担心，大队人马随即就到，我们如果慢慢走，何时才能追上答里呵，让他跑掉就麻烦了。”说着在马屁股上挥了一鞭，马奔如飞。

此时的高黑已经发现黄花言行可疑，心想：这小子莫非是假意投降不成？不能盲目地跟他跑了，于是勒住马停了下来。黄花跑了一阵，不见高黑踪影，急忙又回去找高黑等人，跑到高黑跟前，说：“高将军为何停下？”

“等大军来了再一块儿走。”高黑坚定地说。

“你等不了啦！”黄花催马上前，趁高黑不备，一把将他拖下马来，几个孤竹国的士兵把高黑绑得结结实实。高黑已知中了奸计，大骂不止。

黄花冷笑一声，命令士兵把高黑的嘴塞住，捆在马背上，驮着他来到答里呵的帐中。黄花面带喜色，得意地说：“大王，臣已马到成功，把敌将高黑擒来，特来复旨！”

答里呵高兴地站起身来说：“黄将军，你快说说是怎么成功的。”

黄花立即回答：“密卢在马鞭山兵败被杀。我用假降的办法，已把齐兵引入旱海，现在又擒住齐将高黑听凭大王发落。他手下军士不肯投降，全叫臣收拾了。”

答里呵连声称赞：“好！黄将军破敌首功一件，重赏！”

这时候，高黑立在那里，两眼怒目而视，心里不断地骂该死的答里呵。黄花手持明晃晃的大刀，直逼高黑，遵照答里呵的命令，一刀把高黑砍死了。

黄花对答里呵说：“现在齐兵已陷入旱海，不久将全军覆没，大王，我们可回城了！”

答里呵道:“行!”于是传令回无棣城。

此时,守在无棣城的燕兵听说答里呵回城,因寡不敌众,再也不能固守,只得在城中放起火来,趁一时混乱,逃出城去,退到团子山上驻扎。

再说齐军,这时已经走出了旱海,士气高昂,行了大约十里路,天已大亮。正见一队人马迎面而来,管仲一看,领军的不是别人,正是隰朋。两队人马会合在一处后,齐桓公和管仲终于放下心来。几个人合计了一下,别无去处,又一起杀向无棣城。

齐军浩浩荡荡地来到了无棣城,之前逃出去的老百姓扶老携幼,涌向城中。管仲走到一个背包袱的老人面前,和蔼地问道:“老人家,请问你们从什么地方而来,要到什么地方去?”

老人看管仲并无恶意,说:“孤竹国国王带着兵马已经将燕兵赶走,驻扎在城中。我们原来逃往山中,现在要返城重整家业了。”老人说罢,随人群匆匆走了。

管仲听完,怔怔地站在那里,望着入城的人群出神。他迅速地思索着,看来,狡猾的黄花已经得手,高黑将军也已遇害,答里呵得以返回城中。好,这个仇一定要报!管仲马上来到齐桓公面前,说道:“君上,答里呵又回到城中,咱们可以用计将城攻破!”

说完,管仲低头向齐桓公说了一下自己的打算。齐桓公点头答应:“此计甚好,快快去吧!”

管仲来到军前,把虎儿斑叫来叮嘱了一番。虎儿斑听后,兴高采烈地依计行事去了。

管仲传令大军,到城南不远的一处茂密山林里隐蔽休息。等到了夜晚,按照预定方案,当即命令三路人马分头攻打三个城门,只留下北门不攻，给答里呵留下逃跑之路。管仲叫王子成父和隰朋兵分两路，埋伏在北门以外，专等答里呵逃出城。管仲与齐桓公离城十里下寨，一切部署就绪，只等城中发起信号。

答里呵回到城中以后，满心高兴，没想到占据城中的燕军这么快就撤退了。答里呵坐在王位上，命令黄花一边安抚百姓，一边抓紧整顿兵马，加固城防。

答里呵和黄花以为齐兵已经在旱海全军覆灭，大功告成，于是彻底放松下来。当晚，一场隆重的宴会在宫中举行。席间，觥筹交错，猜拳喝令，舞女翩翩起舞，乐声大奏，真是一派奢靡景象。

答里呵一边端着酒爵，一边醉眼蒙眬地看舞女跳舞，突然，有人闯进来大喊："大王，不好了，齐兵攻城了！"答里呵吓得一惊，酒爵里的酒洒了出去，他张口结舌地说："齐军不是……陷没在旱海里了吗？这如何是好？"

将军黄花此时也出了一身冷汗，清醒了一会儿说："大王不要惊慌，臣去率兵迎敌！"说罢踉踉跄跄地走出宫门。

这时天色漆黑一片，城中军民东奔西跑，到处一片混乱。黄花命令所有军民马上登城防守，不许乱跑。

时近半夜，城中突然燃起大火，火光冲天，百姓更是乱作一团。黄花骑着马，到处喝止人们不要乱来，可谁也不听他的，只顾奔跑逃命。

却说虎儿斑听了管仲的吩咐后，带着手下十多人摸进城里，观察地形。到了半夜时分，趁城中军民困乏之际，在里面放起火来。大火一起，城中顿时慌乱起来，人喊马叫，混乱不堪。虎儿斑又寻机直奔南门。南门的士兵见虎儿斑等都是一般市民打扮，自然不疑，没有提防。虎儿斑趁他们不注意，拔出刀来将士兵一一杀死。接着，打开城门，齐军将士蜂拥而入，杀向四面八方。

此时的虎儿斑又把人马分成两批，分别去开东门和西门。几乎是同时，齐国的另外两支兵马分别从东西两门杀入，齐军大队人马在城中冲杀不断，答里呵的部队哪里抵抗得了，只得丢盔卸甲，夺路而逃。黄花还算英勇，骑在马上高举着大刀，左冲右突，仍见齐军潮水般地涌来。黄花感觉事情不妙，急忙跑进王宫，对答里呵说："大王！快逃命吧！"答里呵和黄花二人催马前行，没走多远，被齐兵挡住去路，一阵阵"山戎贼寇，快快下马投降"的喊声，搅得人心发颤。黄花见南、东、西三门都被齐兵占领，就对答里呵说："大王，只有北门没有动静，快从北门出去！"两人催马就向北门跑去。

来到北门，不少百姓涌到这里等待大门打开逃生，黄花大叫："快闪开！"于是中间闪出一条小路，答里呵在前，黄花在后，穿行到门下，黄花大声喝道："快开门！"守卫士兵见是黄花将军在喊，这才急忙去开门。答里呵、黄花出了北门，后边紧跟着的是逃命的百姓，大家都争先恐后地涌出北门。

黄花和答里呵逃出了北门，见一路平静，也没多想，就坐在路旁一块石头上歇脚。谁知还没喝口水，就听得四周鼓声大作，喊声连天，火把齐明，齐兵像潮水般涌来，将他们团团围住。只见王子成父、隰朋带领齐军掩杀过来，这个阵势可把答里呵和黄花吓坏了，急忙往后退。刚退不远，东郭牙和虎儿斑等又迎头杀了过来。见事已至此，黄花咬咬牙，挺着大刀决定与东郭牙拼死一搏。由于黄花酒醉刚醒，情绪低落，东郭牙精神抖擞，情绪高昂，只几个回合，黄花就被东郭牙刺下马来，一命呜呼。旁边的答里呵见黄花被杀，大惊失色，慌乱催马，冲出重围，拼命逃跑。王子成父看得真切，骑马追赶答里呵，大声叫道："站住！"答里呵见前有阻截，后有追兵，感到无路可走，只得勒马停下。王子成父催马上去，一把抓过答里呵，叫手下把他捆了起来。

跟着答里呵出城的众多将士，死的死，伤的伤，投降的投降，很快，无棣城被齐军占领。天亮以后，齐桓公和管仲率领大军鱼贯入城。管仲骑在马上，向百姓喊话安抚："百姓们，你们不要惊慌，我们来到这里，为的是平叛答里呵，免得他骚扰异国百姓，与大家无关！"接着，又叫人拉出答里呵，喝令他跪在高台之上。管仲取出竹简，向百姓宣布了答里呵帮助令支国侵犯中原、残害中原百姓的种种罪行。答里呵吓得叩头求饶。说话间，管仲挥手叫来王子成父，只见王子成父把利剑一挥，答里呵的人头就落在了地上。自此以后，冀东地区猖狂一时的孤竹国，随着其国王人头的落地，也就从历史上消亡了。

却说燕庄公在团子山上听说齐国大军获胜入城，也率领部下前来会见齐桓公。问候完毕，齐桓公按照管仲的意思对燕庄公说："寡人前来援助贵国，跋山涉水，行程三千余里，终获成功，灭了令支和孤竹二国，扩大地盘五百余里。齐国与此地隔山隔水，路途遥远，多有不便，这些国土全归你们好了！"

燕庄公一听，当然欢喜，但毕竟是人家出兵出力，耗费了很多的钱财人力，这样接下，心中总有愧意，所以说："多谢齐桓公美意，你们远道而来，不负相约，已是感激不尽，如再领受这些国土，实乃无功受禄，令人寝食难安！"

见燕庄公真诚推却，管仲很高兴，心想，他倒挺知趣。管仲说道：“燕庄公不必如此，您的心意我和齐桓公都知道了。但这里地域偏僻，远离齐国，各个方面多有不便。您就不要推辞，安排人马上治理吧！只是日后有求于你们，积极支持也就是了！”

话已至此，燕庄公没有再说什么，就点头答应了下来。

就这样，齐军在无棣城休息了几天，从原路撤军，渡过卑耳河，整顿好人马，继续行进。当走到令支国，见遍地灰烬，一片狼藉，齐桓公和管仲心中一阵不忍。管仲说道：“戎主昏庸无道，殃及百姓，生灵涂炭，实乃不该呀！”

接着，齐桓公对一路送行的燕庄公说道：“这些地域归君之后，千万派遣得力人手，加强治理，防止余孽继续作乱，定要给百姓一个安定的生活环境！”

燕庄公点头称道：“当然！”

大军浩浩荡荡，一路翻山越岭，来到葵兹关。鲍叔牙前来迎接，向齐桓公施礼问安：“君上一路征战，备尝艰辛，微臣实感心中不安！”

齐桓公说道：“老师不必愧疚。军中粮草充足，军心稳定，您也是功不可没啊！”

大军继续前行，燕庄公的送行车与齐桓公的车并行，两人边走边说，显得无比亲切。不知不觉中，车已出燕国国界进入齐国境内，燕庄公还是依依不舍，继续送行。已进入齐国境内五十多里了，齐桓公停下，叫燕庄公不必再送，燕庄公仍要送行，齐桓公心想：燕庄公待人如此诚恳，此人可交也！于是对燕庄公说道：“请君不要再送了，自古就有诸侯相送，不出国境的规矩。今天就以这里为齐、燕两国国界，以北这五十里国土归君，作为谢君相送之礼！”

燕庄公急了，说：“那可不行，寡人已得地五百多里，怎能再要贵国的领土？”齐桓公说道：“寡人意已决，请君不要推辞！”于是，燕庄公只得受地而归。

六、恩威并施，刚柔兼济

| 此举胜似千军万马 |

公元前 663 年，齐桓公和管仲辞别了燕庄公后，率大军赶回齐国都城临淄。此时正值六月，烈日当头，炎热无比，没有一丝凉风，将士们行走在路上，个个汗水涔涔，湿透衣衫。但因为离家已半年有余，个个回家心切，所以，谁也顾不上艰辛，均是拼命赶路。

大军走了几天，忽有一事袭上齐桓公的心头。

齐桓公坐在车内，对身旁的管仲说道：“仲父，果不出你所料，鲁庄公竟是口出大话，当初说要出兵相助寡人讨伐山戎，谁知到现在也没有看见鲁国的一兵一卒。寡人自以为与鲁庄公交好，又有亲戚关系，他却背信弃义，欺骗寡人，实在令人恼火！”

管仲忽听齐桓公口出此言，心中一惊，忙问：“君上此话怎讲？”

齐桓公拍了一下车窗，开口说道：“此番大军途经鲁国，寡人想乘机兴师问罪，以示惩戒，且看鲁庄公何以面对寡人。”

听到这里，管仲摇头说道：“不可，臣是这么想的，虽然鲁国做得不周，但我们也没有必要与其计较，务必心胸放宽，不与鲁国结仇，更不能随意兵戎相见。君上千里迢迢北征戎夷，不正是为了讨伐楚国时，没有后顾之忧吗？咱们刚刚平定了山戎，却又和鲁国反目为仇，这岂不是火上加薪，自讨苦吃吗？俗语说，远亲不如近邻。咱们对远方的燕国尚且那般宽容大度，对近处的鲁国又何必太过苛求呢？”

齐桓公听管仲所说确实有理，但心中仍是愤愤不平，说道：“仲父所言，寡人不是不知，但总觉得被他们如此戏弄，心有不甘！”

管仲微微一笑，说道：“微臣所想，正好与君上相反，如此一来，君上正好扬名天下！”

齐桓公听后，惊诧地问道：“此话怎讲，何以扬名天下？”

管仲当即回答：“君上此次讨伐北方戎夷，获得众多奇珍异宝，车拉马载，况且多是中原极为罕见之物。君上如果分出一些，送与鲁国，作为进献给周公庙的祭品，岂不是两全其美！”

齐桓公听后，眉头一皱，冷冷笑道：“仲父不会累糊涂了吧？鲁庄公背信弃义，有负于寡人，不严加惩戒倒也罢了，反倒给予奇珍异宝，天底下哪有这般道理？还有，怎么个两全其美？”

管仲微微一笑道：“君上勿急，听臣慢慢道来。一路上，微臣一个劲儿地思考回来后咱们如何处理这些战利品。咱们如果拿出一些物品相赠，必然出乎鲁庄公意料之外。他这次敷衍咱们，就是没有交好的诚意。这次咱们不与他计较，还给他物品，日后他想再拒绝咱们的要求都难，这是其一。将这些奇珍异宝作为进献周公庙的祭品交给他，如果传到周天子耳朵里，必将大力赞扬咱们不忘先君，也能留得一个很好的印象，日后咱们说话办事，都会有一定的地位，这是其二。您说，这不是两全其美，又是什么？”

齐桓公思索了一下，点头赞同管仲的建议。

齐桓公回到临淄后，休息了一段时间，便率齐军携带大量金银珠宝来到鲁国济水边上。齐桓公和鲁庄公再次会面。鲁庄公面带愧色，言谈举止十分拘谨，生怕齐桓公声讨于他。但齐桓公的心结已被管仲所解，非但没有丝毫责怪鲁庄公之意，反而送上一批珠宝。

鲁庄公见状，深感意外，本来这件事是自己理亏，说好了的事没有兑现，如果齐国前来讨伐问罪，也是理所当然。然而，齐桓公不仅没有如此，还给了一堆金银珠宝，真是受之有愧！他走到齐桓公面前，诚惶诚恐地说道："谢谢齐桓公！"

说实在的，管仲此举，胜过齐国的千军万马。假如说，齐国前去讨伐问罪于鲁国，齐国也会劳民伤财，更会招致鲁国的敌对情绪，结下更深的怨恨。管仲这样施之恩惠，将人心收买过来，为日后征讨他国多找了一个帮手。鲁庄公知道这件事是管仲的建议，便越发尊重他的为人。后来，鲁国征集能工巧匠，还在管仲曾待过的地方专门为他建造了一座豪华的馆台，留待日后管仲来时居住。

齐国的一系列动作，使得中原各诸侯国都心悦诚服，别说原来关系较好的国家，就是原来那些疏远的诸侯国，也来与齐国修好结盟。这样，齐国的威望越来越高，霸主地位越来越巩固。

自从接受了齐桓公馈赠的珠宝以后，鲁庄公与齐桓公的关系越来越亲近了。但是，正在鲁庄公想施展政治抱负，妄图傍着齐国发展本国实力的时候，他忽然得了重病，卧床不起。

鲁庄公躺在病榻上，反思自己执政几十年的历程，虽没有大作为，但也没有过多的失误，心里倒挺安然。他自知在世不会太久了，觉得应该安排一下身后之事，换句话说，就是应该确定接班人了。可是，这是件最让他头疼、最让他为难的事情。

鲁庄公的夫人哀姜是齐襄公的女儿，也就是他的母亲文姜的侄女，而他母亲又是他舅舅齐襄公的妹妹兼情人。哀姜一生没有儿子，倒是她的妹妹叔姜随嫁鲁庄公后，生下一个儿子公子启。另外两个爱妾孟任和成风，也分别生下了公子般与公子申。由谁来继承王位呢？三个儿子中鲁庄公最看重的是公子般，因为其母亲孟任是他最看好的女人，和她的感情比别的爱妾更深一层。可是鲁庄公心里明白，由谁即位，他自己做不了决定，必须和三个弟弟商定。

鲁庄公同父异母的二弟仲孙，也就是历史上有名的庆父，不仅凶残专横，还与鲁庄公的夫人哀姜通奸，鲁庄公实在不愿见他，故此，就叫来了三弟叔牙商议。可叔牙很惧怕残暴的二哥，极力主张与庆父相商。鲁庄公没有表态，又叫来四弟季友。

季友倒是不错，明白鲁庄公的心意，所以，极力盛赞公子般有德、有才、有相貌，是最为理想的王位继承人，直说得鲁庄公满心欢喜，并将日后之事尽皆委托于他。季友满口答应。

就在决定谁嗣位以后，过了两个月，鲁庄公病重生命垂危，命人把季友悄悄叫来，两人商量如何能让公子般即位。要想顺利，必须首先除掉绊脚石——庆父，但他有势力，又有哀姜与他狼狈为奸，所以不敢动他。既然这样，就先从庆父身边的叔牙下手，也就是鲁庄公的三弟、季友的三哥。剪除了庆父的羽翼，将他孤立起来，日后就好收拾了。

商量妥当后，一天傍晚，季友溜达到他的三哥叔牙那里，口称哥俩久未在一起闲聊了，今日有点时间，坐在一起说说话。叔牙是个没有主见之人，墙头草随风倒，不然，他不会和人人憎恨的庆父站在一条战线上。也正因为这样，叔牙自己害了自己。见小弟来访，叔牙很高兴，起身倒酒接待季友。也就是在这次饮酒中，季友把一包毒药倒进了叔牙的酒爵中，叔牙喝了之后，七窍流血，倒地身亡。

季友毒死叔牙五天后，鲁庄公就撒手人寰，结束了三十多年的君主生涯。国君既已驾崩，新君就得即位。此时，一身戎装的季友站出来宣布遗诏，让公子般登上王位。这时，孤立无援的庆父被此事气得咬牙切齿，大骂季友搞阴谋诡计。

庆父来到后宫，看到哀姜正坐着发怔，脸上并没有丧夫之痛，便上前搂住哀姜。哀姜一把将他推开，嗔怪地说："你不看看今天是什么日子？死的那是你哥哥呀！"

庆父抬起头来，冷冷一笑，说道："哥哥？他拿我当过他的兄弟吗？他早就应该死。如果他早死，这个位置也就是我的了！"

哀姜虽然是鲁庄公的夫人，但因为她不能生子，鲁庄公很早就对她冷淡起来，还连续娶了三个女人，每人均生一子，也就越发对她不闻不问了。于是，哀姜便和庆父私通，时间一长，这个事情免不了被鲁庄公所知，但他也只是听之任之。

今天趁着宫人都在前面办理丧事，二人就在后宫谋划起来，一致决定除掉新君。哀姜极力怂恿庆父登基，而庆父认为时机尚未成熟，先让八岁的公子启当傀儡，再伺机而动。公子启是哀姜的妹妹叔姜所生，先把位置让给外甥，不是更稳妥吗？哀姜当即同意。

一天，公子般的外祖父病逝，他带领着人去吊唁，借着这个时机，庆父发动了政变，扶持公子启坐上了国君位置，这就是鲁闵公。

与此同时，又派人在途中截杀了公子般。可怜这个孩子，在君位上没坐几天，就成了争权夺利的牺牲品。

哀姜、叔姜都是齐国公主，也都是齐桓公的侄女，公子启是齐桓公的外甥。庆父心中有鬼，明知道公子启是个不谙世事的孩子，坐上君位，根本难以服众。但他又怕齐国前来责难，于是慌慌张张地跑到临淄，央求齐桓公在国力、钱财等方面给予帮助。齐桓公看到庆父态度诚恳，之前心中虽对他有不满，此刻也一扫而光。对于庆父的所求，齐桓公没有多想就答应了："去吧，寡人绝不袖手旁观！"

吃了定心丸的庆父高高兴兴地回到了鲁国。之后，庆父越发猖狂，随意诛杀异己，欺压良善，且与哀姜毫无顾忌地在一起。而坐上国君位置的鲁闵公，因幼小无知，将国内一切事情全都交给庆父，由庆父说了算。但庆父除了吃喝玩乐，没有一点治国才能，结果惹得民怨沸腾，人心涣散。

庆父这一闹腾，给鲁国带来了巨大的灾难。难怪当时的人们都说："有庆父在，鲁国的灾难永远不除。"也正因为这句话，有了"庆父不死，鲁难未已"的说法。

鲁国发生了这么大的动乱，齐桓公再也坐不住了。他作为中原霸主，对邻国的动乱不能不问，于是派大夫仲孙湫以吊唁的名义去鲁国查看情形，准备采取措施。仲孙湫到了鲁国，了解到一切乱象都源于庆父，也正是他杀了公子般。

庆父知道仲孙湫来到鲁国的用意。虽然此时的庆父踌躇满志，极度猖狂，但想到齐桓公的强大，还是从心底里感到害怕。于是，当天晚上，庆父便带着许多的金银来贿赂仲孙湫，要他以后在齐桓公面前多多美言。可是，仲孙湫是个骨鲠之臣，根本不吃庆父这一套，当即婉言拒绝，并且委婉地规劝庆父：“既然新君已经登上王位，你就应当以鲁国社稷为重，辅佐于他，多举善事，赢得人们对你的认可。如果多行不义，将来必食酿造的恶果！”说完，一甩手扬长而去。

仲孙湫回到齐国，先去拜见管仲，禀告鲁国之事，并商讨该如何回复国君。管仲思索了一会儿，只是微微一笑，说道：“此事夷吾不便多说，你就根据你在鲁国的所见所闻如实回复君上，但保鲁国安定也就是了。我觉得，君上定能信你所言！”

仲孙湫听罢，非常高兴，管仲虽说不拿意见，但其实完全信任他。所以，他辞谢了管仲，去见齐桓公了。

仲孙湫来到齐桓公宫中，细述了鲁国的混乱状况。齐桓公问鲁国内乱的祸根在于何处。仲孙湫说：“在于庆父。国内百姓一致说道，庆父不除，鲁国之乱恐难以平息！”

齐桓公听后，当即拍案大怒，骂道：“这个畜生，真是万恶之源。寡人马上率正义之师，前去征讨鲁国！”

仲孙湫谨记管仲之托，摇头说：“君上不可！庆父虽是罪恶之源，但他还未对外扩张，与他国无争端。若是此时前去讨伐，一是师出无名，二是会给百姓带来更大的灾难！”

“依爱卿所讲，你说寡人该如何处理？”齐桓公问道。

仲孙湫说：“依臣观察，庆父此人，野心勃勃，决不会让个小孩永坐君位，自己甘愿做一臣子，日久必有篡位之变。到那时，君上即可发兵问罪，就师出有名了！”

齐桓公听了，觉得非常有理，马上说道：“好！就依爱卿所言，静观其变！”

果然不出仲孙湫所料，庆父一直图谋篡夺君位，只是想到鲁闵公有齐桓公撑腰，又有季友倾力辅佐，才迟迟不敢轻举妄动。直到鲁闵公即位的第二年，庆父眼见鲁闵公的君位越来越稳固，季友也越来越深得人心，觉得再不下手，恐怕就无机会了。于是庆父和哀姜商量好后，就手提利剑，直接来到鲁闵公宫中。鲁闵公一见庆父脸带杀气，手上的利剑闪闪发光，就从座位上站了起来，问道：“伯父今日来宫，可有要事？”

庆父铁青着脸回答：“启儿，你当国君多长时间了？”

鲁闵公答道：“伯父何出此言，侄儿在此位上正好一年！”

“好啊，已经一年了，你应该让位了！”说完，脸上露出凶相。

一见庆父这个样子，年幼的鲁闵公吓得浑身发抖，哆哆嗦嗦地问：“你……你要做……做什么？”

“做什么？来要你的命！”庆父边说边挺剑刺去，只听得鲁闵公一声惨叫，鲜血迸出……这时，守候在外面的那些庆父招来的卫士，一起涌进宫中，把鲁闵公的尸身拖走，并把那些吓得不知所措的侍臣们尽皆砍杀。一切完成后，庆父穿戴好国君服饰，立即宣告登位，成了鲁国新的国君。

这时候，听说宫中有变的季友意识到自己性命堪忧，便偷偷返回府中，收拾好一些必用之物，带着公子申仓皇逃往邾国去了。

其实，有人已经把鲁国动乱的消息向齐桓公详细述说了一遍。齐桓公当时把脚一跺，痛骂庆父接连杀了两个君王，真正是禽兽不如，也悔恨当时庆父来向他求助时，没做什么提防，故酿成了鲁国今日之祸。悔恨之余，齐桓公当即召集管仲、鲍叔牙、隰朋、仲孙湫等商讨如何平定鲁国之乱。谈论中，齐桓公产生了吞并鲁国的念头。齐桓公说：“庆父作乱，鲁国又一新君被他杀害。他虽坐上了国君的位置，但名不正，言不顺，并无一人拥戴，且成了千夫所指的逆贼。此时不取鲁国，更待何时？”

众人听后，一时无语。齐桓公又征询管仲之意。管仲微微一笑，指着仲孙湫说：“君上还是问问仲孙湫，他曾赴鲁国，目睹了鲁国之乱，此事怎样处理，他必有见解！”

仲孙湫十分明白管仲的用意，沉吟一下说：“依臣之见，一个国家如一棵大树，只要树干倾倒，枝叶就落地，国家也就败亡了。周礼是立国之本，犹如大树的树干。鲁国虽连遭弑乱，但只是庆父等少数害群之马所为，鲁国上下均不忘遵循周礼。周礼在，鲁国这棵大树仍昂然直立，不会轻易动摇。况且，臣曾亲眼所见鲁国公子申，深明礼义，通晓国事，又有季友辅佐，有望成为一名贤君。只要君上依臣前次所言，派遣一支人马助公子申和季友一臂之力，除掉庆父，鲁国内乱即可平息，帮助安定鲁国，正是霸主所为。鲁国感激君上，也会成为君上日后南征北战时的强大后援！”

仲孙湫说完，见齐桓公没有搭话，又接着说：“我们如果此时将鲁国吞并，在各诸侯国面前，必将成为不仁不义之国，成为众矢之的，这不是因小失大吗？”

仲孙湫的一番话语，果然说动了齐桓公。管仲、鲍叔牙等也都赞成仲孙湫所言。齐桓公这才彻底打消吞并鲁国的念头，马上派遣仲孙湫率精兵三千到郰国请公子申和季友回鲁国，讨伐顺从庆父之流。

跑到郰国的季友见到仲孙湫前来相接，感激万千，马上辞别了郑国国君，带着公子申，随着浩浩荡荡的大军直奔鲁国。

正与哀姜饮酒作乐的庆父得到这个消息后，惊得一口酒喷了出来。庆父自知情况不妙，马上撤离回宫，然后带着一些人和金银细软逃到莒国避难。很快，仲孙湫协助季友，扶持公子申登临君位，是为鲁僖公。

接着，季友一鼓作气，派使者前往莒国讨还庆父。莒国国君也知道庆父的臭名，更不愿为此得罪齐国和鲁国，所以，毫不客气地将庆父驱逐出境。此时的庆父已经无处藏身，他只身一人跑到一处丛林之中，仰天长叹："想我庆父，绞尽脑汁，思谋已久，刚刚登临宝座，就被季友贼子所驱赶，有家不能奔，有国不能投！罢了，此棵树下就是我的归宿之处了！"说完，解下腰带，往树上一挂，脖子一勒，气断身亡。

这就是我们平常所说的"多行不义必自毙"。

公元前660年的冬天特别冷，北风呼啸，阴沉沉的天空中雪花纷飞，没过多久皑皑白雪就把四野覆盖成一片银色世界。自从鲁国的事情解决后，大家都松了口气。齐桓公坐在宫中，旁边围有管仲、鲍叔牙，君臣三人中间放置着一个大火盆，他们正在商量今后如何与其他诸侯国相处的问题。

忽然，门外进来一个宫人，禀告说外面来了两个人，要来见齐桓公和管仲。

"这是谁来了呀？"齐桓公惊讶一问，宫人还未回答，管仲就站起身来，说了声："臣去看看！"到了外面一看，双方一一报上姓名，原来是卫国的大夫宁速。宁速见了管仲，忙施礼，说道："管相国，大事不好，卫国被狄人侵占了！"

管仲一听，顿时一怔，忙问：“何时发生的？卫懿公呢？”

“懿公已被乱兵杀死！”宁速说完，哭得泣不成声。

这是怎么一回事呢？原来，地处齐国东南方向的卫国是个国土面积不大的小国。卫懿公是个只知玩乐，不问政事的国君。他有个特别的嗜好，非常喜欢白鹤，并在宫中养有上千只。别看此位国君不会治国，但对于养白鹤却有独到的研究，他把那些白鹤驯养得非常听话，叫它们唱歌它们就引颈歌唱，叫它们跳舞它们就跳舞。可是，这群白鹤也把宫中弄得乌烟瘴气，文臣武将们多次劝谏卫懿公都没用，只得由他而去。任何事都是这样，有反对的，就有随声附和的。一些献媚者见有了献媚机会，就从全国各地买来白鹤，献给卫懿公，每次都能得到重赏。

不仅如此，卫懿公对白鹤的重视远远超过对人的重视，他的每只白鹤都有品位俸禄，上等的食大夫俸，次等的食士人俸。他每逢出游，都有白鹤分班跟随，并让白鹤乘坐大夫车，而士兵还得精心侍候它们。饲养白鹤需要很多的粮食，于是他就横征暴敛，将百姓收获不多的粮食征来，喂给白鹤食用，致使百姓饥寒交迫，怨气冲天。其间，两个大夫石祁子和宁速多次进谏，他都置若罔闻。

可想而知，这样的国君怎能将国家治理好？这时，居住在北方的北狄部落看到卫国如此不堪，便纠集兵马侵犯卫国。这次，当卫懿公正要率鹤出游之时，听说北狄打来了，马上发布号令征兵御敌。可是，老百姓恨透了卫懿公，谁会听他的命令？干脆纷纷逃开，四处躲避。但是，还是有很多老弱人士被捉住了，他们被带到卫懿公面前。卫懿公坐在华丽的战车上，厉声喝问：“你们为什么逃跑？不知道保卫国家吗？”

这些老百姓心中有苦不能言，揶揄地说："国君有许多的可用之物御敌，何必还找我们？"

卫懿公不解地问："寡人有何物御敌，不妨说来寡人一听！"

大家也都豁出去了，说道："国君养了那么多鹤，享受官员的待遇，吃着人们难以吃到的粮食，坐着国君坐的车。现在国难当头，不用它们去杀敌救国，养它们何用？"

别看卫懿公先前不听群臣的劝谏，现在到了危急时刻，却感觉到老百姓的话语如同鞭子猛地抽在了自己的身上，他一下子醒悟过来。卫懿公满面羞惭地说："大家所说对极，寡人已知错了，现在就把鹤群放走，可有救国良方？"

然而，事情已晚。当卫懿公要把那些白鹤放走时，没有一只白鹤愿意离开。因为它们在宫中尽享快乐，与人有了深厚感情，都不肯离去。

此时，石祁子、宁速二人来到大街上，重新召集御敌人员。这次倒是来了一些，但见到卫懿公后，又都气愤填膺，谁也不再答应御敌。

此时，卫懿公彻底醒悟了，真的后悔了。他见大势已去，向百姓们高声喊道："家乡的父老，寡人已知道错误。国难当头，寡人把大权交于石祁子和宁速两位大夫，他们都是骨鲠重臣，要想国家有望，你们就听从他们的指挥，与敌奋战吧！"接着，他拿出印信、令箭交与石、宁二人之手，自己带着几名卫士，挥着宝剑，冲入敌群厮杀起来。尽管奋力厮杀，但怎能抵挡狄人虎狼之师？没多久，几个卫士尽皆战死，卫懿公本人也被敌兵乱刃分尸。

见此形势，宁速和石祁子两人紧急分工，石祁子领着一部分百姓和皇宫中的人员向西逃去；宁速则速去齐国，迎接在齐国避难的公子毁，让他回卫国即位。国不可一日无主，不管国家大小，帝王强弱，只要有一个人在国君的位置上，就等于国家还存在，否则，就代表国家灭亡。石祁子和宁速都是骨鲠老臣，他们非常明白这个道理，所以在最后时刻，他们想到了因为卫国的动乱而逃到齐国避难的十岁的公子毁，想着这次正好将他接回来登上君位。

齐桓公听宁速讲完卫国目前的处境，感叹道："卫懿公之错，俱是由玩物丧志引起，这个教训，我们都得汲取！"

公子毁是因卫国发生的一次动乱而来齐国避难的。这次他的国家又遭劫难，国君被害，急需要有人嗣位，重整大业，所以，齐桓公随即答应，让公子毁跟随宁速回国。临行前，齐桓公又拿出一匹骏马、五套公侯祭祀宗庙时穿的礼服赠予公子毁。接着，又命人准备牛、羊、猪、鸡、狗各三百只，以及一辆豪华的马车和三十匹上品锦，将它们作为礼物相赠，并派大夫公子无亏统领三百战车送他们到卫国边境。

公子毁见到齐桓公如此对待自己，感动得痛哭流涕。临行前，他对齐桓公说道："国君待我如此深恩，毁没齿难忘！"宁速更是深深致谢。就这样，在公子无亏的护送下，主仆一行一路平安地到达卫国都城。

公子毁回来后，重新入殓卫懿公，发了国丧，而后举行了即位仪式，是为卫文公。此时的卫国都城已被北狄抢劫一空，城墙宫殿也都被毁坏，就连居住的房屋都没有，更不用说什么宫殿了。最后，几个人一商量，只得去民间租房居住。

听到公子毁回到卫国如此的寒酸，齐桓公感慨万分，把管仲找来，商量继续帮助卫国修筑城池与宫殿之事。管仲想了一会儿说：“依臣之见，卫国都城地势不好，不易防守，不如另外选择地方，重新筑城。”

齐桓公回答：“也行，那就另择地方，帮助他们重建吧！”

正说话之间，忽然一人前来告急，是邢国的使者，说：“北狄又到邢国，敌势凶猛，抵抗不住，请求齐国发兵救援！”使者退后，齐桓公问管仲：“我们要不要去救他们？”

管仲说：“诸侯之所以能归顺齐国，是因为齐国能救他们于危急，帮助他们消除灾难，我们未能及时救卫，如再不能救邢，恐将失去诸侯的信任，这样霸业将会受到损害！”

齐桓公说：“如果这样的话，是先救邢，还是先帮卫？”

管仲马上回答说：“应先救邢，等打退了北狄，然后再去帮助卫国筑城。”

齐桓公一向听从管仲的建议，当即向宋、曹两国发出檄文，约定在聂北聚集，一同出兵解救邢国。

各国的人马到齐后，齐桓公就要向邢国进军，去攻打入侵的狄兵。见齐桓公这样心急，管仲皱眉想了想，说：“狄兵现在势头正旺，十分凶猛，但目前邢国尚有余力，可抵挡一阵子。如果咱们这时出击，就要付出成倍的代价。依臣之见，不如先让邢国抵挡一阵子，等到实在支撑不住了，咱们再举进攻！”

齐桓公不解地问：“为什么要这样做呢？我们既决定去了，何必躲在后边？”

“是这样，”管仲马上说，“这样做的好处有两点，一是到了非得我们出手不可的时候再出手，更能突显我们的价值；二是先让狄人与邢国交战，消耗狄人的精力，等到他们疲惫不堪时再行进攻，便易于取胜！”

齐桓公听了，觉得管仲说得有道理，便高兴地说：“仲父所说对极，如此一来既保存了咱们的实力，又能获得较高的声誉！”

于是，齐桓公就派人密切关注狄兵的情况和邢国的局势。果然，在齐、宋、曹三国军队没动的日子里，无所顾忌的狄兵昼夜围攻邢国都城，邢国整天人喊马嘶，战火飞扬。最后，邢军大举败退，狄兵潮水般地涌进城里，邢军和百姓一窝蜂似的出城逃命。

这种情况很快被齐国的密探所知，并马上将情况报告给齐桓公。那些逃出城的百姓像河水一样都往齐国军营涌来，一致哀求齐桓公快出兵拯救陷入水深火热之中的邢国。

正在此时，只见一人来到齐桓公面前，倒地痛哭不起。齐桓公立即认出他正是邢国国君叔颜，连忙把他扶了起来，安慰他说：“快快请起，都怪寡人行动迟缓，没有及时救援，才致使你等如此凄惨，这是寡人的罪过呀！你也不要太悲伤了，寡人马上就请宋、曹两国国君来共同商议，必会替你们赶走狄兵，夺回城池。”

当天上午，齐、宋、曹三国的军队在管仲的指挥下，拔营起寨，分成三路往邢国都城方向进发。

这时狄兵已把邢国抢掠一空，俘获百姓、财物无数。狄兵头目得知齐、宋、曹三国军队正向邢国境内迫近，一来害怕自己的军队将吃败仗，二来担心已抢夺到手的财物会失去，便在城中放了一把大火，然后指挥人马冲出城去，一路向北奔跑。

当齐、宋、曹三国大军赶到邢国都城时，只见宫廷和数以千计的民房被大火烧毁，狄兵早没了踪影。齐桓公急忙传令所有将士迅速扑灭各处大火，又遣人抚恤惨遭劫难的百姓。

经过三国大军的努力，城内局势终于稳定下来。齐桓公问叔颜：“这里已是断壁残垣，不适宜居住，它还能做都城吗？”

叔颜望着宫室的残墙与房梁的余烬，悲痛地说：“逃出城的百姓大半去了夷仪，寡人想顺从民众的愿望，就以那里为新都吧！”

齐桓公二话没说，便下令齐、宋、曹三国士兵备办各种建筑材料，全体将士迅速投入了紧张的劳作中，一个多月后就在夷仪修筑起了坚固的城墙。接着，又给叔颜建起庙宇及朝堂，并为他添置了房舍。大量的砖瓦和牛、马、粟、帛之类的物资从齐国源源不断地被运到夷仪。那天，邢国君臣迁居夷仪，如同重归故里，欢呼声响成一片。

宋、曹两国国君看到邢国大事完毕，便一起来向齐桓公辞行，准备带领各自的人马回国。齐桓公见了，挥挥手对他们说道：“二位切勿着急，邢国的事情仰仗大家，总算安定下来。可卫国还处于百废待兴的状态，等待我们伸手相助。卫国和邢国都是我们的兄弟国家，总不能袖手旁观，置之不理吧？既然当了好人，那就一当到底，一起协助卫国重建城池吧！”

两国国君见齐桓公态度诚恳，且又言真意切，就都拱手说：“我们愿听您的命令，一起帮助卫国！”

于是，齐桓公便号召各国将士，随身携带运土工具和施工家什立刻向卫国出发。卫文公得知齐、宋、曹三国大军到来，亲自出城走了几十里地去迎接。齐桓公看见卫文公身穿粗布衣服，头戴帛布帽子，还是丧期的装束，心生怜悯，不由得眼眶有些湿润了，过了好久才说：“寡人依靠诸君相助，想为君重修都城，但不知在哪里定都为好？”

卫文公再拜说：“齐桓公的深恩，寡人一辈子也难报答啊！前几天寡人找太史占卜，认为在楚丘定都最为适宜。但修建一座都城花费巨大，对我们亡国的人来说实在有点力不从心呀！”

齐桓公听后，爽朗地说：“这件事情就交给寡人办吧！”齐桓公当天就传令齐、宋、曹三国将士奔往楚丘破土动工，直到新修的宫室落成，他才回国。齐国给予卫国很大帮助，大多数的建筑材料和生活物资也都从齐国运来。

至此，齐桓公接连定鲁、救邢、存卫，连战皆捷，名声大振。天下大小诸侯，不仅称道齐桓公的武威，更钦佩齐桓公的仁义，纷纷来与齐国修好。

公元前 657 年，也就是齐桓公二十九年，江南的楚国忽然出兵郑国。齐桓公与管仲约请各诸侯共同救郑抗楚。

齐桓公问管仲：“现在，楚国不断进犯郑国，分明是蔑视联盟国的实力，如此听之任之，将来后患无穷啊！”

管仲听了，点头称是。他说道：“楚国实在骄横，也应当教训一下！”

齐桓公说道：“现在，除了楚国，别的诸侯国都已听命，唯有这个楚成王，妄自尊大，目中无人，一定要给他重重的打击，方能使他彻底臣服！”

“这个楚成王实属可恶，他依仗的就是本国兵强马壮，别说我们，就连周天子都不放在眼里。”管仲接着齐桓公的话说道，“但是，此人骄横成性，要想前去征讨，必得师出有名！”

师出有名，也就是找一个讨伐的正当理由。正在齐桓公发愁之时，偏偏齐宫中发生了一个小插曲，促成了齐桓公伐楚之举。

这天秋高气爽，看着如此好的天气，齐桓公想，何不趁着这么一个好天气带上美丽的妃子蔡姬，到宫廷后院的莲池一游？以此疏解一下近日来因无法征讨楚国而积郁在胸中的愤懑。蔡姬是紧傍楚国的蔡国国君蔡穆公的胞妹。因为现在齐国非常强大，齐桓公又当上了霸主，蔡穆公就有了巴结齐桓公的想法，于是将妹妹蔡姬进献给齐桓公。齐桓公见来了这么一个美人，欢喜得连连向蔡穆公示好。齐桓公对蔡姬宠爱有加，对她百依百顺，而蔡姬也因此娇惯成性。

蔡姬听到齐桓公说要去莲池游玩，非常高兴。他们两个坐在一叶小舟上，看着湖水荡漾，感受着清风习习，不由得心花怒放。蔡姬童顽之心大起，弯腰伸出玉手，一边撩起湖水泼向齐桓公，一边哈哈大笑。

齐桓公被蔡姬弄得满身湿漉漉的，心中十分恼火，又因在小舟上颠簸不稳，只吓得坐在里面不敢动弹。可这个蔡姬又很不识相，仍是不管不顾地闹腾一气，倏忽间，齐桓公一个不稳，“扑通”一声落入莲池中，还喝了几口池水。

这下子可把蔡姬吓到了，她声嘶力竭地高喊：“来人呀，君上落水了……”听到喊声，岸上的几个会凫水的侍从慌忙跳下莲池，把齐桓公救上岸来。齐桓公浑身湿透，伏在岸上边咳边吐着水。

蔡姬此时也从小舟上下来，跪在地上双手颤抖着为齐桓公拍背，哆哆嗦嗦地呼唤着：“君上，君上，您不要紧吧？您不要紧吧？”

齐桓公是一国之君、中原霸主，连大国的国君、周王室的上卿都对他毕恭毕敬，今日却被蔡姬如此戏耍，又因落水弄得甚是狼狈，觉得大失尊严。他吐完了水，坐起身来，一把将蔡姬推个趔趄，黑着脸怒道：“婢子无理，不得侍奉寡人！”

蔡姬见齐桓公暴怒，忙跪倒在地上，连连叩头，哀告着：“贱妾知错了，君上饶过贱妾吧，以后再也不敢了……”

齐桓公不理她，在侍从的搀扶下回到宫中，仍是怒气未消。他不顾蔡姬啼哭哀求，派遣竖刁将蔡姬送回蔡国。

齐桓公很喜爱和娇宠蔡姬的，送其回国也绝无休她之意，只是由于自己前不久过度行乐，在宫内、国内引起一些非议，心中不快，一怒之下就拿她出气了。齐桓公本打算以后再接蔡姬回齐国的，但他绝不会想到，正是他宠信的竖刁从中坏了他的大事。

竖刁深得齐桓公的夫人长卫姬的信任，而且长卫姬经常对他哭诉齐桓公宠爱蔡姬的事情。所以，他也非常憎恨蔡姬。这次齐桓公叫他送蔡姬回国，他心中也是暗自高兴，认为这正是除掉蔡姬的好机会。

竖刁正准备出发，长卫姬派侍女唤他过去，问他：“听说君上要你送蔡姬回国？”

竖刁嬉皮笑脸地说道：“是，娘娘，竖刁正要向娘娘禀报呢。”

长卫姬看了他一眼说道：“好，你就去吧，怎么做，不用本宫教你吧？”

“不用，不用。”竖刁献媚地说道，“这事对竖刁来说不过是小菜一碟，绝对让蔡姬一去不复返！”

“嗯，明白了就好。”长卫姬向他使了个眼神，“做得好了，回来本宫好好犒赏你一番。”

“谢娘娘恩典！”竖刁告辞长卫姬出来了，自言自语道：“好个蔡姬，走着瞧！”

竖刁带着蔡姬回到了蔡国都城，见过蔡穆公后，说明了来意。蔡穆公听后，大发怒火，高声说道：“好一个齐桓公，堂堂的大国之君，为了妃子的一次戏耍，就如此绝情绝义，这才多大的事情，竟把人给我们送了回来，这哪有中原盟主的风范！”

竖刁见蔡穆公发火，不但没有从中劝解，让大事化小，反而火上浇油，极尽挑拨之事。他立眉瞪眼地说：“蔡穆公，不要怪我们国君说你，你的妹妹蔡姬做这样的事，根本就是对我家君上不敬。我家君上说了，有你这样一个昏庸哥哥，妹妹也好不到哪儿去。早知道是这样，当初就不应该接受她！”

蔡穆公听到这话怒火冲天，站起来大声喊道：“好个齐国小白，因为一点小事，竟然把寡人的妹妹送了回来，还如此侮辱寡人，这不是欺人太甚吗？偌大个天下，难道寡人非要与他齐国结盟不成！”遂与齐国决裂，并扬言要将自己的妹妹嫁到楚国。

竖刁回到齐国后把蔡穆公的话全部说给了齐桓公听。他说：“君上，微臣说了您可不要生气，蔡姬回去后在蔡穆公面前大骂你无情无义，并说早就在齐国待够了。那个蔡穆公更是手指着齐国方向，指名道姓地大骂君上，并当场提出与齐国决裂，说和咱们势不两立，还说要把蔡姬嫁到楚国！”

齐桓公听完此话，骂道：“蔡老儿如此欺我！寡人必雪此恨！”

竖刁见目的已经达到，心中暗自得意，悄悄到长卫姬那儿邀功请赏去了。

冷静之后，齐桓公却陷入了苦恼之中。蔡姬是他的爱姬，平时两人感情很好，现在竟因为一点小事，恩断义绝。他后悔地用拳头狠狠地砸在自己的头上，疼得差点落泪。他又恼恨蔡穆公，想着这厮如此狠毒地辱骂自己，这口气如果咽下，就不是大国之主了！

管仲听说齐桓公要为蔡姬之事向蔡国开战，很是着急，匆匆来到宫中求见齐桓公。齐桓公一见管仲神色慌张地跑来，便知必是为伐蔡之事，抢先冷冷地说道："仲父急匆匆赶来，莫非又是劝说寡人不要伐蔡？"

管仲见齐桓公一语挑明，便坦率地说道："君上乃是大国之君、中原盟主，因为后宫私事就去讨伐一个盟国，如何说得过去？这样做，天下诸侯非但不会同情齐国，反而会暗中耻笑君上。君上切不可因一时激愤而草率行事，最终误了大事！"

齐桓公深蹙双眉，气愤地说道："仲父知道寡人的内心有多么痛苦吗？爱姬被夺走，不让蔡穆公吃点苦头，寡人枉自为人，又有何颜面再为中原盟主？寡人伐蔡之意已决，仲父不必再言！"

管仲见齐桓公执意伐蔡，不便再言。但他作为执掌国家大政的相国，不能眼睁睁地看着齐桓公因男女私情去讨伐一个盟国，更何况是齐桓公遣人在先，蔡穆公绝情在后。如果这样做，必然会影响齐国千辛万苦创下的霸主基业。

管仲内心深处并无过多责备蔡穆公之意，他一直觉得，这件事弄到如此地步，肯定是竖刁在暗中做了手脚。管仲为什么会有这种想法呢？因为据平时的观察和宫中传出的风声，管仲知道竖刁是长卫姬的心腹，而长卫姬一向精明，又擅弄权计，时时露出独霸后宫和参与齐国政事的野心。她眼见蔡姬年轻貌美，性情活泼可爱，深受齐桓公喜爱，大有独占其宠之势，而自己又受到齐桓公的冷落，心中肯定又气又恨，怒火中烧。而这次蔡姬被遣回国，可说正中她的下怀。那么，善于猜度人意的竖刁既为长卫姬的心腹，又怎能让蔡姬重新回到齐国？所以，管仲觉得此事绝非如此简单，关系重大，眼下还是先设法稳住齐桓公，再做计较。

凡处理关乎某个国家生死存亡的大事时，管仲总是慎之又慎，总是从有利于齐国的地位和齐桓公称霸所遵循的“尊王攘夷、救危扶困、征伐无道”的十二字箴言出发。此次征伐关乎蔡国的存亡，自然也不例外。管仲根据蔡国的地理位置和当前的形势，细加思索，很快便想出一条以攻为守的绝妙之计。

管仲复见齐桓公，献计道：“君上执意伐蔡，臣想出一个绝妙之策，好让蔡穆公落入臣设下的圈套中。”

齐桓公一见管仲复来，还以为又是前来说服自己，暗暗想道：今天任你说破嘴皮，寡人也不改变主意。谁知管仲一开口，竟然一改初衷，同意齐桓公去伐蔡，并且亲自献计。齐桓公高兴地说道：“有仲父操劳，何愁伐蔡不成！仲父有何妙计？快告诉寡人！”

管仲断然地说道：“伐楚！”

齐桓公一听，以为自己的耳朵出了毛病，惊诧地问：“伐楚？寡人是要伐蔡，仲父怎么说伐楚，莫非仲父糊涂了？”

管仲微微一笑，说道：“君上勿急，微臣所说是真，此乃声东击西之法也！”

“此话怎讲？”齐桓公着急地问。

管仲回答：“君上想必知道，楚国悖逆周王室，已有许多年没有向周王室进贡包茅。况且，楚国总是以大国自居，蔑视齐国，不听召唤，君上不是早就想讨伐他们吗？此时正可打出周天子的旗号，集天下诸侯之师，向楚国问不贡之罪！”

管仲所说的包茅，是产于长江以南荆山山麓南漳、保康、谷城一带的一种植物，又叫菁茅。当年楚王在这一带立国之初，周天子曾颁布指令，让楚人每年上缴包茅作为贡品。这种茅草主要用于酿酒，以祭祀众神。制作祭酒时，先将包茅、酒曲和米饭搅拌在一起，使米饭发酵成酒，然后过滤掉酒糟，把酒浆装进大瓦缸，经过一段时间的酿造后，再从大缸里倒出来分装进小土陶罐里，并在罐口系上一束茅草，以备用于祭奠山神、城隍等。由于楚国多年不进贡包茅，周天子已无法祭祀众神，大有怨恨楚国之意。

齐桓公听了管仲所说还是不明白，疑惑地问道："可伐楚与伐蔡有何关系？"

管仲道："这个'关系'便落在邀集天下诸侯共同伐楚这一大事上。君上可以想一下，蔡国已与中原之盟离心离德，有投靠楚国的意向。君上只当不知，仍以盟主身份代周天子邀蔡国出兵共同伐楚。蔡穆公必不出兵，那样便是对周王室的忤逆，这不正给咱们一个征讨蔡国的理由吗？只要师出有名，一个小小蔡国又何足道哉！大军伐楚之时，便顺势将其收了。如此，既完成伐楚之夙愿，大煞了楚国的威风，又惩罚了蔡国，雪了夺姬之辱。一箭双雕，何乐而不为呢？"

管仲的一席话，说得齐桓公心中大悦，当即拍案决定伐楚。于是，君臣二人商讨该邀集哪些国家出兵。齐桓公说道："刚刚结盟的江、黄两国，正与楚国紧邻，这次伐楚，可将此二国作为策应。"

管仲摇头说道："不可。"

齐桓公诧异地问："为何不可？"

"江、黄两国均为弹丸之国，远离齐国而靠近楚国，能够长期生存下来，皆因没有得罪楚国。正因为如此，上次的盟约才为密约。倘若暴露了两国与齐国结盟之事，这次又公然与楚国为敌，楚君必大为恼火，即使咱们率军降服了楚国，又如何保证楚国日后不再兴兵？到那时，楚国想吞并江、黄两国，朝发暮至，唾手可得，咱们即使想救援两国，也是鞭长莫及；如若不救，又负了同盟之义，空惹天下人耻笑。再说，君上曾邀集中原诸侯，五合六聚，次次大获成功，这次兴王师大举伐楚，又何必求助于国小力微的江、黄两国呢？”管仲说道。

齐桓公听了管仲的分析，觉得有理，遂断了邀江、黄两国助战的念头。这次征讨楚国，是齐桓公称霸中原数十年中的一次壮举。

过了一会儿，齐桓公又问管仲："仲父你看，此次讨伐楚国的前景如何？"

管仲说道："从大战的前景看，楚国充分利用其地利优势，可与中原之师决一死战，胜则辉煌，败则可以罢战请和，所谓进可以战，退可以和。中原大军以王师之名出战，如果失败，齐国威名扫地。那时楚军乘势北进，直捣中原，犹入无人之境。所以此次出征，齐军只许胜不许败！"

齐桓公问："仲父预测，我军有几分胜算？"

管仲想了一会儿说道："制胜之道，靠的是天时、地利、人和，以及国势、军力。"

齐桓公问："仲父以为，齐与楚的国势、军力对比如何？"

管仲道："楚国独霸荆襄之地，地广人众，兵精粮足，乃是齐国的强敌，绝非孤竹、令支、北狄等诸夷那样的小国；而齐国称霸中原数十年，国家富足，兵甲肃整，操练有素，更擅打恶仗、硬仗。两国、两军势力当在伯仲之间！”

“对，此议甚善！”齐桓公点点头，自豪地说道，“寡人有神机妙算的仲父运筹谋划，又有鲍叔牙、王子成父、隰朋、仲孙湫、宾须无等一干能征善战的之人冲锋陷阵，当可优于楚国吧？”

管仲说道：“话虽如此，但楚国兵多将广，粮草充足，文有子文、屈完等，武有斗章、王孙游等，绝对不能小觑。不过，也不能长他人志气，灭自己威风。子文等偏于文，斗章等偏于武，楚国缺少文武双全之才，文武相制，则为兵家之忌。而我中原之师，以君上率军亲征，积几十年来南征北战的经验，而且君上深谙兵家之道，所以咱们仍占上风！”

齐桓公边听，边频频点头。接着，管仲又讲：“从地利看，楚军在本土作战，熟悉地形地势，而中原之军则是千里征战，抵楚时已成疲劳之师，又对地形生疏，不服水土，此一比较，怕是楚优于齐，但中原之师可以兵众而弥补。从天时上看，楚国称王僭号已逾三世，常常派兵袭扰郑、宋等中原盟国，又不向周王室纳贡。齐国则以盟主为名，以‘尊王’为旗号，邀集天下诸侯之兵，代周天子前往问罪，此则理在中原一方！”

“除此之外，还有别的可决定胜负的条件吗？”齐桓公好像越听越有兴趣，又提出了这样一个问题。

管仲答道：“当然还有，双方的兵器、军纪、大军的士气、运筹谋划等，都是决定大战胜负的因素！”

就这样，君臣二人商定了伐楚计划，管仲开始操练军队，缮甲厉兵，积蓄粮草。管仲在军队人量上亦不敢托大，以前南征北战，只靠齐国军队便可扬威天下，或至多邀集三两个诸侯国助威，这次竟邀集鲁、宋、郑、陈、卫、许、曹七国诸侯派出兵甲助战，连同齐军，号称“天下王师”，并定于翌年春共同讨伐楚国。此次还特传檄邀请蔡国出兵，就是为了让蔡国落入管仲设下的圈套中。

管仲亲自选定出使各国的使臣：宁戚到宋国，王子成父到郑国，隰朋到陈国，竖刁到卫国，开方到许国，宾须无到曹国，公子无亏到蔡国，等等。如此分派，管仲也是经过了深思熟虑的，他考虑到宁戚曾说服宋国与齐国修好、王子成父曾助郑厉公复位等有利因素外，还考虑到竖刁是个无孔不入、极为贪婪的势利小人，于是派他到刚重建的一贫如洗的卫国，且看他有何话说。

管仲刚把任务分派完毕，竖刁便急切地说道：“相国，在下有话要讲！”

管仲听后，故意问道：“你还有何话要说，莫非要违令不遵？”

竖刁急忙说道：“回禀相国，在下哪敢违命，小人以为，公子无亏曾助卫复国，而小人曾送蔡姬归国，熟知蔡国之情，所以应派公子无亏使卫，而小人出使蔡国最为有利！”

管仲心里冷笑，但表面上却对竖刁之议表现出很高兴的样子，回答道：“你想得周全，那就依你所言吧。”说罢，当即将二人做了对调。

竖刁脸上表现出很恭顺的样子，心里却在想：别人都把你管仲捧得神乎其神，现在，还不是轻易就中了我的圈套！看来，你也是徒有虚名！

竖刁想到他每次出使外国，都能获取一批重礼，一个穷得叮当响、靠别国救济方能存活下去的卫国，又能榨得出多少油水？而蔡国就不一样——土地肥沃，是久负盛名的鱼米之乡，数十年来，既无外患，又无内乱，国家积蓄厚重，十分富庶。竖刁上次送蔡姬归国，就感受到蔡国都城的繁华，这次出使，关系到蔡国的存亡，到时见机行事，略施小技，必使蔡穆公乖乖地顺服，然后狠狠地敲诈他一把！于是，竖刁带上一名随从兴冲冲地去了蔡国。宁戚、隰朋、王子成父等也相继出发。

其他出使情况无须细表。单说竖刁到了蔡国，递上齐桓公邀蔡国出兵的文书以后，见蔡穆公不但态度冷漠，而且派人在他所居住的公馆周围潜伏，暗中窥视他的言行。到了晚间，竖刁独坐室中侧耳细听，听到窗外有动静，知道有人伏在窗外偷听，便将计就计，冷笑着自言自语道："咳！如此一个富庶之国，不日将要化为灰烬，想我竖刁虽有好生之德，也是无计可施，真替这里的百姓担忧啊！"

竖刁此招果然奏效，暗探将竖刁之语飞报蔡穆公。蔡穆公惊疑不定，派一名大臣到公馆探听虚实。夜深人静之时，蔡国一名大臣亲自前来看望竖刁，并送上珠宝、玉帛各一箱，以示慰问。竖刁欣然受之。

第二天早起，蔡穆公一反昨日冷漠的态度，毕恭毕敬地来见竖刁，竖刁则显得极为傲慢。蔡穆公心中虽然恼恨，但因有求于竖刁，亦不敢表露丝毫，强装笑脸说道："竖刁大夫是盟主的心腹，一定尽知盟主的心思吧？"

竖刁大大咧咧地说道："略知一二吧，但不知蔡穆公要问何事？"

蔡穆公缓缓说道："因小妹不懂规矩，得罪了齐桓公，寡人又一时糊涂而出言不逊，齐桓公乃中原盟主，岂能善罢甘休。今日传檄出兵，一定另有蹊跷，望大夫告知如何方能脱解，寡人必有厚报！”

竖刁这个势利小人昨夜已得到价值不菲的财物，现在听说还有厚报，便如饮下了一碗迷魂汤，迷迷糊糊，竟然忘记了自己的身份，遂将齐桓公大会七路诸侯，先讨蔡、后伐楚的重大军情点滴不漏地泄露给蔡穆公。

蔡穆公大惊失色，对自己的草率行事懊悔不迭，想到楚国此刻面临大军压境之难，已是自顾不暇，蔡国国小力微，如何抵挡得住中原大军？于是，蔡穆公当即表现出重与齐国修好之意。竖刁却生怕蔡穆公顺服齐国后泄露自己收受贿赂、私通敌国之事，便恐吓道：“齐桓公已将您恨之入骨，屡屡发下重誓要将蔡国夷为平地，以报夺姬受辱之恨。不日，各国大军将汹涌而至，蔡穆公还是尽早逃至楚国避难，方可保无虞！”

蔡穆公听罢，心中万念俱焚，顿时像霜打的茄子一样，蔫蔫巴巴，无奈之下，只好收拾细软，率领宫眷，仓皇逃往楚国。百姓见国内无主，又听说中原大军将要屠城，都扶老携幼逃散一空。

竖刁自以为得计，便携带珠宝、玉帛回归齐营。然而，随从在临行之前已领管仲密令，要他在暗中监视竖刁的举动。竖刁自以为此事神不知鬼不觉，却不料一言一行均在管仲的掌握之中。

当竖刁来到军营禀报出使之事时，管仲严厉地说道：“竖刁贼子，你这吃里扒外的东西，该当何罪？”接着，喊来几个士兵，用绳索将竖刁捆了起来。

竖刁跪在地上，高声喊道：“相国何出此言，小人着实冤枉！”

管仲冷笑道：“你自愿领命，故意出使蔡国，把诸多机密出卖给蔡穆公，得了许多财物，难道不该治你罪吗？”

“在蔡国时，小人对于国事守口如瓶，绝无泄露一个字，何罪之有？”说着，把乞怜、求救的目光投向了齐桓公。

齐桓公一向护着竖刁，现看到管仲如此对待他，也是心有不满，又见竖刁用眼神向自己求救，就问：“仲父说是竖刁泄露了军机，可有什么真凭实据吗？”

管仲坚定地说道：“此事非同小可，臣怎敢凭空捏造？”说罢，又盯着竖刁冷冷地说道：“看来，你是不见棺材不落泪了。”他向着帐外大喝一声：“进来！”

帐外一人应声而入，向齐桓公叩拜。众人一看，正是竖刁出使蔡国时的贴身随从。

竖刁一见其人，顿时面如死灰。管仲看着那随从威严地说道：“快讲！”

“是！”那随从答应一声，便当着齐桓公和众臣的面将竖刁出卖军机之事一五一十地讲述一遍，听得众臣个个怒火中烧，咬牙切齿地瞪着竖刁，恨不能将其一刀斩为两段。

但竖刁终归是狡猾之徒，那随从还在述说，可他已渐渐冷静下来，想到那随从口说无凭，只要来个死不认账，又有齐桓公的袒护，量管仲也奈何自己不得。果然，管仲再问时，竖刁狡辩道：“相国不要听这人满嘴胡言！这人一路上不安分守己，常做偷鸡摸狗之事，被在下多次严加斥责，所以怀恨在心，有意诬陷。望相国明察，不要冤枉了好人！”

管仲冷笑道：“放心，我定会查明真相！”说罢，大声命令道：“搜查竖刁的营帐！”

几名侍从应声而去，果然在竖刁的营帐中查获珠宝、玉帛，与随从所说一般无二。管仲厉声道：“人赃俱获，你还有何狡辩？”

竖刁乞怜地望着齐桓公，身子蜷缩成一团。

管仲黑着脸转向大司理宾须无，冷冷地问：“请问大司理，两军交战，接受敌国的贿赂，该当何罪？”

宾须无断然回答：“罪当问斩！”

“故意泄露军机大事，该当何罪？”管仲又问。

“斩首无赦！”宾须无又答道。

管仲不再迟疑，大声喝道：“既已违反国法军令，那就将竖刁推出去，斩首示众！”

竖刁一听，顿时吓得面色苍白，瘫倒在地上。接着，他趴在地上，向齐桓公叩头涕泣哀告：“君上救命，看在小人忠心侍奉您的份上，就饶小人一命吧！”

齐桓公于心不忍，骂了一声：“混账东西！”转而对管仲求情道：“竖刁私通敌国，罪该万死，看在他一心一意侍奉寡人的份上，请仲父饶他一命！”

管仲当初答应调换竖刁出使蔡国，也是知道竖刁利欲熏心，有蔡穆公重金贿赂，必会泄露军机。如此这样一闹，正可让蔡穆公一走了之，避开一场杀戮，以免齐、蔡两国结下深仇大恨，又可乘机除掉竖刁。易牙、开方二人均看竖刁的眼色行事，竖刁乃是三恶之魁。打蛇先去其首，除掉竖刁，其余二人不足为患，也可使齐国少了一大祸患，但齐桓公亲自求情，又不能不顾及情面。于是，管仲说道：“既然君上为他求饶，臣也不能不给情面。死罪饶过，活罪难免！将竖刁拖下去重责三百鞭子！”

士卒当即将竖刁压倒在地，剥去上衣，开始行刑。这些士卒痛恨竖刁平日狗仗人势、作威作福，所以用力鞭打，一鞭一道血痕，打得竖刁皮开肉绽，杀猪般号叫。

齐桓公不忍目睹此种惨状，扭过脸去看向别处，而身边的文臣武将则暗暗称快，没有一个人给竖刁求情。

行完刑，竖刁的身上已是伤痕累累，无一处完好皮肤。他哼哼唧唧地倒在地上，再没有力气动一下。管仲命令几个士兵将竖刁送回齐国，责其永世不得参与齐国政事。竖刁虽怀恨在心，但知管仲不论在齐国，还是在齐桓公心中，均是重如泰山，要想扳倒他，实在是如蚍蜉撼树，所以，恨得咬牙切齿，但只能在心中诅咒管仲早死。自此以后，竖刁的确收敛了不少，在管仲在世时不敢为非作歹。

竖刁的事情处理完后，眼下又该举兵伐楚了。隔了几天后，齐桓公和管仲集齐鲁、宋、陈、卫、郑、许、曹等七国，组成联合大军南下。一路上，雄壮的队伍像一条不见头尾的长龙。坐在战车里的各国国君，精神抖擞，气宇轩昂。插在车辕上的各色旗帜，在夏风的吹拂下猎猎作响。随车而行的将士们，盔甲闪亮。经过的大路上，腾起一片烟尘。

队伍一路南行，走了半个多月的时间，越过长江，直达楚国地界。

此时的楚成王正在宫中与群臣议事，他说：“齐国召集七个诸侯国前来犯境，实在可恶至极，各位爱卿看如何应对？”

楚成王话音一落，下面的文臣武将便纷纷发言表态：“兵来将挡，水来土掩。除了齐国以外，那些小国均是乌合之众，不足为惧。”

“既然如此，那我们就来个先礼后兵，派人先去谈判！”楚成王当即敲定，并派大夫屈完去打头阵。

屈完作为使臣，出城来到齐桓公营中，但见齐军队伍整齐，将士斗志昂扬，屈完一边走一边赞叹，这全是管仲之功啊！虽然是敌对之国，但见面后还得客套一番。屈完到了齐营后，首先拜见了齐桓公和管仲。

“屈大夫可好？”管仲回礼，接着问道，“想必楚成王已知大军伐楚之意。你们将如何行事，可有打算？”

屈完等管仲问完，马上回答：“请问齐桓公、管相国，你们住在北方，我们安居长江一畔，相隔千里之遥，并无任何牵连，为何聚集八国之军，犯我边境？”

尽管屈完声音不大，口气稍缓，但还是威严刚正。齐桓公并未回答，旁边的管仲接口说道：“诸侯各国都是周天子的臣民，你们为何不向天子进奉包茅？这不是违逆君命是什么？还有，楚成王随意征伐，扩大国土，搅得南方各国混乱不安。齐国正是奉天子之命，前来向楚国兴师问罪！”

屈完听后回答说：“多年没有进贡包茅，确实是我们的过错。至于楚成王征伐，那是他决定的事情，我作为臣子也不好过问。如果要问，你们去问楚成王好了！”

齐桓公见楚使屈完的态度不软不硬，认为楚国绝对不会那么容易就范，更不会像其他诸侯国一样顺利臣服。于是，他看了看管仲。管仲心里明白，国君要打退堂鼓了。于是，管仲哈哈一笑，说道：“屈大夫方才所说不是没有道理，既然你们承认了没有给天子进贡包茅的错误，希望日后改正。对于你们知错就改的态度，我们君臣都很高兴和赏识。既然如此，我们就没必要在这里驻扎下去。当然，这主要是我们君上的意见！”

管仲不愧为国之栋梁，他的一番话完全是对这次齐桓公的冒进行为的一个合理的解释，同时也埋下了日后再次征伐楚国的伏笔。

齐桓公听到这里，手一拍，说道：“仲父所讲，正是寡人之意。屈大夫回去后，可直接告诉楚成王，因为国内有事，寡人就不去宫中拜访，后会有期吧！”

齐桓公三十五年，也就是公元前651年，周襄王即位已近一年。别看周襄王年龄不大，但很有城府。他知道自己坐上天子位置，完全是仰仗齐桓公之力，为了巩固自己的地位，须得先取悦齐桓公。所以，他命宰孔赠送齐桓公文武胙、彤弓矢等贵重礼物，并召集各路诸侯，集聚在葵丘举行受赠典礼。在典礼上，宰孔将周襄王所赠礼物放置供桌之上，各路诸侯一起往前跪拜。

此时，齐桓公刚想下车，宰孔走过来，说道：“齐桓公，天子有言，你年事已高，就不必动身，就在车上受赠吧！”

一听这话，齐桓公也就重新坐下，等待来人送上赠物。这时，管仲赶紧进言道：“周王年轻，这是对君上的谦让。虽则如此，咱毕竟是臣子，不可不敬，再说他国诸侯都在观望！”

齐桓公听后，随即答道：“天威不违颜咫尺，小白哪敢贪天子之命无下拜！决计不能废除君臣之礼！”说罢，他快步走下车，往前跪拜，而后接受馈赠。众诸侯一见，无不叹服齐桓公有礼。随着馈赠的结束，齐桓公又重申盟好，和与会的诸侯各君订立了新盟。这就是历史上有名的“葵丘之盟”。

时间又过了两年。这年的春天，天气很早就变暖了，齐国境内桃红柳绿，和风荡漾，人们沉浸在一片祥和喜庆的氛围之中。此时，齐国在管仲的治理下，越发强大，于是，齐桓公又想到了还未臣服的楚国，又动起了前去征服的念头。管仲想了一会儿，连连摇头。

齐桓公问他："仲父为何如此？"管仲回答说："齐楚两国经济、军事不相上下，强弱难分，如果硬要交战，势必两败俱伤。我们好不容易积攒下来的家底，一场战争下来，就会折腾精光，还会给百姓带来巨大的灾难。"

齐桓公见管仲这样讲，觉得确实有道理，也就没有坚持己见。不过，他又说："总不能任凭楚国长期嚣张下去吧！"

管仲听完，安慰齐桓公，说："君上勿急，臣已想出一个方法，不久的将来，必定使其归顺，且不动一兵一卒。"

当时，楚国盛产鹿，其他的诸侯国均没有。因为鹿很多，楚国人都捕来吃肉。这天，管仲派出一百多名商人到楚国去买鹿，并到处扬言：齐桓公不知怎的了，现在非常喜欢鹿，不论花多少钱也要来买。

楚国国内，鹿的价钱原本很低，一枚铜钱就能买一只。齐国商人去了后，竟给三枚铜钱买一只。过了半个月，又加价为每只鹿五枚铜钱。

这个消息很快就传到了楚成王那里，他对大臣欢喜地说："别看齐国那么强盛，现在齐桓公喜欢上了玩鹿，这和前几年卫国的卫懿公喜欢玩鹤不是如出一辙吗？咱们等着好消息吧，齐国迟早会亡国！"说完，君臣高兴地大吃大喝起来。

时间又过了两个月，管仲突然又把买鹿的价钱提高到了四十枚铜钱一只。楚人见一只鹿比千斤粮食还值钱，想着何必还去辛辛苦苦种地呢？于是，楚国百姓纷纷丢掉锄头，制作猎具，争先恐后地直奔深山捕鹿。就连楚国的官兵，一见有利可图，也偷偷地将兵器换成猎具，上山打猎去了。

可想而知，经过一年的时间，楚国境内土地荒芜，粮食颗粒未收，而卖鹿所得的铜钱，每家每户都有一堆。然而，人饿了是不能吃铜钱的，还得吃粮食。可是，连地都没种，到哪里吃粮食？没办法，只得去买，然而，根本买不到。因为管仲早已发出号令，禁止各诸侯国与楚国通商。

如此一来，楚国人心惶惶，从军队士兵到老百姓，人人都饥肠辘辘，骨瘦如柴，已经丧失与他国作战的能力。而远在齐国的管仲，见时机到来，马上集合各路诸侯大军，浩浩荡荡地来到楚国边境。楚成王看到这种情况，已知无法和他们抗衡，也深知中了管仲的釜底抽薪之计，可惜，明白过来已为时过晚，最后，不得不服输求和，同意尊称齐桓公为霸主。

楚国终于承认了齐国的霸主位置，齐桓公心中不由得一阵轻松。是啊，几个月来，率领着几国联军沟通交往，如果说不劳心费神，那是假话。现在总算有了结果，大家可以班师回朝了。

返回国内，也不是易事。想想刚来时，八个国家，数万人马，但此时，带来的辎重用得所剩无几，返回的路上，还会有许多的消耗，这笔开支实在不小。当然，大多数的诸侯国并不把这些费用放在心上。可总有用心不良之辈，他们处处考虑自己的得失，完全置整体利益于不顾，从中闹出一些事情来。陈国领兵大臣辕涛涂就是这样一个人。就在将要回返的那天晚上，他悄悄地找到了郑国的带兵将军申侯，与其密谋起来。

辕涛涂摇晃着脑袋，阴阳怪气地说道：“申将军，再过几天联军就要经过陈国和郑国回去了，你怎么打算？”

申侯看了他一眼，说道：“事情已经办完，也该回国了，难道你不想回去？”

辕涛涂回答：“当然不是，我做梦都想回去啊！”

“那你怎么看起来闷闷不乐的？”申侯问道。

辕涛涂说：“申将军，因为你我关系很要好，所以我才跟你说，我是在为一件事情而担忧啊！”

申侯惊诧地问：“什么事呢？”

“哎……”辕涛涂叹了一口气，皱着眉头说道，“如果联军取道陈、郑两国之间回师，那么我们两国就必须为联军提供人畜给养，你算一下，这是一笔多大的开销啊！咱们兴师动众地来到楚国，为的是什么？为的还不是齐国吗？人家得益，我们从中又能得到什么好处？况且咱们比不上他们国富民强、财大气粗。我总觉得咱们花费这么多钱财，实在冤枉！”

其实，申侯是个正派之人，他们两个也没有什么深交。申侯听出辕涛涂话中的弦外之音，于是，就附和着说：“你说得对，我也是这么想的，我们确实吃亏了！”

“你也是这么想的？”辕涛涂没想到，申侯的态度竟与自己一样。

“那当然！”申侯不动声色地说。

想到申侯和自己的想法一样，辕涛涂笑了，他凑到申侯耳边，十分神秘地说道：“不瞒你说，我已经想出了对策，只要我明天见过齐桓公，保管能为我们两国省下这笔冤枉钱！”

“哦？什么对策，能否说出来一听？”申侯故意表现得迫切地想知道他的想法。

“好吧，你附耳过来，我说给你听……”辕涛涂轻声说出自己的想法。

第二天，齐桓公正在准备返程的事宜，辕涛涂忽然掀帘而进，说：“君上，臣有一个提议，不知您是否想听？”

“提议，什么提议？”看着辕涛涂神秘兮兮的样子，齐桓公问道。

“君上，咱们此次南征楚国，维护了周王室的利益，稳定了各个诸侯国的民心。君上之德，功昭日月，万古留名！”

齐桓公本来就是个心气很高的人，现在有人来称赞他，当然满心欢喜。听辕涛涂说到这里，齐桓公便喜笑颜开地说：“寡人这次出征，真是耗尽了心血，费尽了精力。当然，为了天下百姓的福祉，这是值得的！”

“哎……”只听一声长叹，刚刚还是眉开眼笑的辕涛涂，转眼间便是一副痛心疾首的表情，还摇头叹息道，“只是有一点可惜了，太可惜了。”

“可惜，什么可惜？”看着变脸比变天还快的辕涛涂，齐桓公感到莫名其妙。

“君上，咱们此次南征，中原诸侯和南方诸侯都已经见识到了霸主的实力和威风，只是沿海一带的东夷，还到处为祸，不知道齐国的厉害和君上的威严。依小人之见，大军不如拐个弯，去到沿海。大军所到处，威震四方，您的威名那可真是天下皆知了！”这个家伙口若悬河，好话张嘴就来。

齐桓公本来就心高气傲，经过这个不良之辈的夸捧，更加心花怒放起来。他高兴地双手一拍，说道："好，此言甚善，兵发东海，也叫他们见识一下寡人的厉害！"

眼看齐桓公上钩了，辕涛涂接着说："您自出征以来日夜操劳，还没有好好休息过，如果走沿海路线，还能顺路看一看海景，放松一下心情呢！"

"嗯，不错，这件事就按你说的办！"齐桓公点点头，赞许地拍了拍辕涛涂的肩膀。

见目的已达到，辕涛涂满面春风地离开了齐桓公的营帐。然而，得意的辕涛涂并没有发现，在他的身后，一双眼睛正紧紧地盯着他。而这双眼睛的主人，正是辕涛涂最信任的"亲密战友"申侯。

辕涛涂前脚离开齐桓公的营帐，申侯后脚就走了进去。

"君上，方才可是辕涛涂来过？"申侯走上前，面对齐桓公问道。

齐桓公见是申侯，立即回答："是啊，怎么了？"

申侯近前一步说："如果臣没猜错，他是不是建议大军改道，走沿海路线回国？"

"你怎么知道？"看着申侯一副了然的样子，齐桓公感到有些奇怪。

"您答应他了？"申侯接着问。

齐桓公答道："寡人觉得他说的也有道理，就答应下来。怎么，莫非其中有诈？"

"君上圣明，这厮真的用心不良，您怎么能信他的话呢，您上了他的当，受了他的骗啊！”申侯捶胸顿足地说道。

申侯的一席话仿佛冷水一样浇在了刚才还兴高采烈的齐桓公的头上，齐桓公一下子没有缓过神来。只听申侯继续说：“昨天晚上，他来找臣商量，说坚决不能让联军途经陈国的地盘，因为陈国不想因为招待联军而消耗钱粮。为了引开联军，他竟想出了这么个损招，让您向东绕道走沿海路线。您想想，咱们的军队已经在外奔波了好几个月，战斗力早已大打折扣，如果在沿海一带遇到什么强敌，到时候人困马乏，后果不堪设想啊！”

申侯的一席话又像一根棍棒，一下子把齐桓公打醒过来，他跺脚大骂：“这个狼心狗肺的东西，难怪今天一个劲儿地给寡人说好话，原来背后藏着这个阴谋！”

一夜过去了，受到辕涛涂戏耍、欺骗的齐桓公的怒火也未消退。第二天早晨，他吩咐人将辕涛涂五花大绑，囚禁起来，以作严惩。与此同时，为了表彰勇于揭发的申侯，齐桓公以盟主的身份命令郑国国君将虎牢赏给申侯做封邑。齐桓公说道：“对于奸佞之人，必得严惩不贷；对于有功之人，理应奖赏！”

郑国国君倒挺听话，完全按着齐桓公的意思去做了。

纵然如此，齐桓公仍是余怒未消。管仲走过来，问有何打算，齐桓公说道：“辕涛涂着实可恶！虽然把他囚禁起来，但陈国国君却安然无事，寡人总觉得这口恶气难出，此事仲父有何打算？”

管仲想到，当前出现这种情况，必须重视起来，如不教训他们一顿，日后恐怕难以驾驭众人，于是说道：“君上勿急，依臣看，我们的军队走到陈国时，顺势敲陈国国君一笔，免得他日后不听召唤！”

二人的意见统一下来，管仲马上把大家召集起来，宣告了决定好的事情。那日，大军到达陈国，陈国国君正在宫中闲坐，听得有人传报大军兵临城下，便慌里慌张地来到齐桓公和管仲面前，问明了情况，然后大骂辕涛涂，并答应把他交给齐国处置。

至此，齐桓公怒气渐消。这时，管仲说道："君上，既然来到陈国国君这里，有些话就不要客套了。咱们的粮草不足，不知能否从陈国借一些来用，日后再还？"

陈国国君也是聪明之人，从管仲的话语中已经听出端倪，赶紧说："管相国说哪里话，为大部队出些给养，陈国理所应当，哪里还谈得上还与不还？"

就这样，陈国为大部队免费提供了大量粮草，辕涛涂的计策彻底失败，不仅没有使陈国省下一分一毫，还破费了很多。这真是聪明反被聪明误，偷鸡不成蚀把米！

既然人家如此慷慨，齐桓公也得给些面子，他将辕涛涂训斥了一顿，就又交给了陈国国君处置。当然，辕涛涂在陈国并未受到任何处罚。

事情过了几年。这年夏天，陈国的辕涛涂出访郑国，正好又遇到了当年的老朋友申侯。自从申侯回来后，郑国国君落实了应诺之言，给了他一个不大不小的城邑。城里街道整齐，院落阔大，设施齐全，一看就是不凡之地。申侯见到辕涛涂，倒是很客气，也很亲热，还带着辕涛涂观赏了自己的城邑府第。

对于几年前的过节，不知道申侯有没有忘记，反正辕涛涂是牢记在心，而且恨得咬牙切齿。辕涛涂一直觉得，如果不是当时申侯吃里扒外，向齐桓公全盘托出二人商量之事，自己怎会险些被齐国掳去？这个仇恨，终生难忘！

镶涛涂一边看申侯的城邑府第，一边思谋着复仇计划。他看完后，大加赞赏一番，而后说道：“申兄啊，你这里我看了一遍，确实很好。不过，在小弟看来，还不够雄伟阔绰！”

“我觉得这就不错了，如果再加修缮，那得耗费多少钱财呀？”申侯听了，挺有感触地说。

“耗费多少钱财都值得。你想一想，在整个郑国，谁有你功劳大？谁有你为国君出的力大？就是多花点钱，谁还能说什么？”镶涛涂继续说道。

见镶涛涂如此吹捧自己，申侯心里比喝了蜂蜜还甜。他高兴地说：“看起来，还是老弟你了解我！好，就按照老弟所说的办！”

接着，申侯说道：“重新修造倒是好办，可我们这里缺懂建筑的人才呀！”

镶涛涂一听，心想，机会来了，他立马说道：“申侯如果信得过我，保证叫你满意！”

镶涛涂自荐，申侯正是求之不得，当即答应并说：“府第盖好以后，老兄有重赏给你！”

“为申侯出力，理所应当！”说完，镶涛涂高兴地走了。

经过几个月的修缮，一座豪华的城邑府第圆满落成了，期间所花费的钱财都是镶涛涂打着申侯的旗号，从国库支出来的，数额大得惊人。看着这座小城，镶涛涂满意地点点头，不怀好意地笑了。

远远看去，这个豪华整洁的城邑不亚于一座宫殿。申侯看了以后，心花怒放。他很讲信用，一边表扬镶涛涂的苦功，一边拿出百两金给镶涛涂作为酬谢。现在，他就等着搬进新的府第享受了。

就在申侯高兴地准备搬进新府第的时候，辕涛涂花钱找了一个人，让他到郑国国君面前做揭发检举之事，说申侯用公款建造的府第比王宫还要豪华，其就是想篡权夺位，于是先行建了住处。郑国国君听后，马上派人去查，果然不假，于是，立即派人将申侯抓捕归案。经过审讯，申侯招供。最后，申侯被判了个企图谋反的罪名，第二天就被斩首于大街之上，建造的府第也被充公。

至此，辕涛涂总算出了一口恶气。然后，他拿着申侯奖励给他的钱财回了陈国，走在路上的时候，他的心里正得意地想着：和我作对没好下场，我不动声色就拿了你的钱财，要了你的小命，到了阎王殿，你还不知道怎样死的呢！突然，后面传来一声厉喝："站住！"

辕涛涂吓得差点跌个跟头，扭头一看，两个人高马大的强盗拿着明晃晃的鬼头大刀站在自己的面前。辕涛涂惊慌地问道："你们要干什么？难道不认得我是陈国的大夫吗？"

两个强盗一听，哈哈大笑："我们谁也不认识，就认得钱财，快，把身上的钱袋交出来，饶你不死！"

辕涛涂这下子蒙了。他知道，此处前不着村，后不着店，管你当多大的官，和强盗是难以说清的。于是，他换了一副嘴脸，可怜地说："二位，我这些钱是给我家老娘看病的，能不能给我留下？"

"少用这些话糊弄大爷，你拿不拿？不拿就要你的小命！"说着，明晃晃的大刀架在辕涛涂的脖子上。

这时，另一个络腮胡子的家伙说："和他费这口舌干啥，快快拿来吧！"说完，一下子从辕涛涂手里抢过钱袋子，扬长而去。

辕涛涂一见费心费力弄来的钱就这样被强盗抢走了，很不甘心，他望着这两个强盗高喊：“两个小子，老爷认识你们了，不定哪天，我带兵把你们的家抄了！”

他这么一喊，两个强盗马上站住脚步，二人一商量——他不是认识咱俩吗？不是想着报仇吗？那就让他早早地归西吧！商量完，两个人返回来，大刀一举，辕涛涂的脑袋就落了地。

七、心之所向，无所畏惧

| 国相的日常操劳 |

从楚国回来后，齐桓公满心高兴。目前，周围的诸侯国都已听命于齐桓公，就连长期与齐国抗衡的楚国，现在也俯伏在地，尊齐桓公为盟主。可以说，除了周天子以外，天下恐怕就属齐桓公的权力最大了。况且，周天子只是一个有名无实的称谓而已。

这天，齐桓公闲来无事，就带着几个人到郊外打猎。时值春末夏初，万物葱绿，风光旖旎，齐桓公的心情很好。他骑在白马上，来到一座青山跟前，挽弓搭箭，猎杀了几只野兔、狍子，虽有收获，但所得猎物都不算大，因此心中也有些不爽。正在怅惘之时，突然发现一只长着梅花斑点的野鹿从草丛中窜出。齐桓公见了，立即挽弓搭箭就要射猎，谁知野鹿非常警觉，马上跑进山谷之中，顿时不见踪影。

齐桓公立即追上前去，追赶之间，看见一个老者在山边徐徐而行。齐桓公走上前，问道："老人家，这是什么地方？"

老人扭头一看，认得是国君，慌忙躬身施礼，说道："原来是君上到了，草民不知，望乞恕罪！”

齐桓公急忙把老人扶住，笑着说道：“老人家，不必如此，请问这里是什么地方？”

老人没等齐桓公再问，马上相告：“这里叫作‘愚人谷’。”

“愚人谷？”齐桓公听了，很是诧异，怎么叫这样一个名字呢？

老人见齐桓公很是诧异，便说：“愚人是草民的名字，因为草民常住山谷，故此处以草民的名字命名！”“这个名字实在不雅，你为什么单单叫它呢？”齐桓公不解地问。

“唉……”老人长叹一声，说道，“草民自幼性格怯懦，这个地方又有强人出没，前年，草民家的牛、羊被他们牵走，屋子里的东西被他们抢去，草民无力反抗，所以人们就叫草民这个名字了！”

听完老人的话，齐桓公心想：怎么在我治理的地方还有这种事情发生，简直无法无天！因此，齐桓公有些怏怏不乐，再也无心去追梅花鹿，骑上马，带着众人回了宫中。

第二天上朝，齐桓公把这件事告诉了管仲。管仲整了整衣服，向齐桓公施了礼，说道：“君上恕罪，臣一时疏忽，办事不周，因此才出现这种欺凌人的现象，使得君上心有不畅！”

听了管仲的自责，齐桓公也反省了自己。君臣两人相互检讨，自找不足，随即制定了相关的政策，严明法纪，绝不允许再次发生百姓被抢劫的事情。

管仲是个闲不住的人，一天散朝以后，他外出巡视城防情况，听到有人在议论事情。管仲走近一听，原来人们在说，城东的一个农民在翻地的时候，翻出一只金龟。此龟有饭碗大小，浑身金黄，两只小眼睛非常灵敏，上下翻动，看见人了，似有说话的样子。管仲听后，随即到这家去看，果然不假，真是一件无价之宝。回来后，管仲马上向齐桓公汇报。齐桓公问道：“不就是一只龟，有什么出奇的？”

管仲赶紧回答：“据臣所知，此龟是一只神龟，咱们必须将它买来，日后必有重要用途！”

“既然如此，那就依照仲父所言，将它买来。”齐桓公知道，管仲既有此话，此龟准有重要作用。

第二天，管仲带着百两金来到这个有龟的农民老伯家中，对老伯说：“朝中需要金龟祭祀神灵，放在你家毫无用处，卖给国家岂不更好？”

那个老伯非常通情达理，见是管仲亲自来了，就高兴地说：“既然国家有用，老朽就捐献出来，而且今日相国亲自前来，老朽不会索要分文！”

管仲哈哈一笑，说道：“老伯，说哪里话，你们生活都很不容易，国家需要之物，怎能无偿索要，快快把钱收下！”

至此，老伯方把金龟交予管仲，管仲立即拜谢而归。齐桓公看了金龟，虽然喜欢，但并不知道它的价值在哪里，就问：“仲父先前说它必有用途，寡人实在难以理解，能否指点一二？”

管仲听完，立即回答：“据臣测算，三年后齐国必有一场旱灾。那时候，可能赤日千里，稼禾将颗粒不收，有了它，齐国百姓就能平安度过灾荒！”

齐桓公一听，大笑道：“就这么一个小物，食之无肉，怎么解救百姓饥饿？”

“君上勿急，听臣慢慢道来。”管仲接着说，“咱们城内有一富人，家存万担余粮。此富人对龟类特别喜爱，曾不惜重金买过几只，可是后来这些龟都得病死了，富人心疼得没法。现在有了这个神奇之物，他必定购买，咱们用金龟和他交换几千担粮食，他肯定痛快答应，到时候就能解君上燃眉之急。”

事情果然和管仲预测的一样，三年后，临淄大旱，地里庄稼颗粒无收，百姓到处逃荒乞讨。此时，国家开仓赈灾，抛出用金龟换来的千担粮食，解救了灾民，稳定了社会秩序。

灾荒过去后，齐国又恢复了正常的生产秩序。对此，齐桓公十分欢喜，他对人们说：“是老天爷给我送来了仲父，如果不是他，寡人就没有今天的安稳日子！”

听了这些，管仲微微一笑说道：“君上此话差矣，管仲能够走到今天，最大的功劳不归于老天，而归于您的老师、臣的挚友鲍叔牙。如果不是他，管仲早成箭下之鬼了！”

“对，对，寡人口误，一切功劳都归老师！”说完，二人哈哈大笑，气氛相当融洽。正在这时，门外有人进来，递给齐桓公一串竹简。齐桓公看后，脸色突变，马上把竹简递给了管仲。管仲一看，原来楚国的北边有一个小国，名叫衡山国，他们听说楚国也成了齐国的盟国之一，断定楚国实力并不强大，于是就经常派兵前去骚扰。齐桓公看了很是生气，怒道：“弹丸小国，还要造反，马上派兵将他们扫平，他们也就老实了！”

管仲拿着竹简，等齐桓公说完话后，说道：“君上勿急，咱们发兵去征服他们，就咱们的力量来说，打败他们易如反掌。不过，那样显得咱们气量太小了。依臣之见，还是采用征服楚国的方法，来个曲折求进，绝对让天下人觉察不出咱们的意图来！”

“也好，就按仲父所说的办！”齐桓公点头应允下来。

再说这个衡山国，别看是个小国，但他们善于制造兵器，一般来说，各国使用的兵器几乎都是从他们这里买的。因此，衡山国以兵器买卖作为经济支柱。管仲看到了这点，就约各个诸侯国一起到衡山国购买兵器，并且价格给得很高。衡山国国王看到每天都有很多人前来购买刀、枪、剑、戟等，就号召全国百姓大量生产兵器，如此一来，地里也就没有人种植粮食了。接着，齐国又拿出一定的钱财，将周围各个国家的余粮全部购尽。后来，衡山国因为生产和售卖兵器获得了大量的钱财，但却发现国内粮食奇缺，于是衡山国国王派人到各国购买粮食，可因为粮食都到了齐国手里，所以他们根本买不到一点粮食。这下衡山国就慌乱起来。

管仲看时机一到，就大造舆论，说要派大量兵力前去征讨衡山国。此时，衡山国的兵器几近卖绝，粮食也十分短缺，若想抵抗齐国，实在难以从心。无奈之下，衡山国国王只得派人前去齐国求和，承认了自己的错误，并甘愿俯首尊称齐国为霸主国。这样，齐国没动一兵一卒，就消除了一个心腹之患。

齐桓公看到这些成就，大力赞扬管仲的才能。

有一天，齐桓公把管仲召来，二人商量朝拜周天子的事宜。齐桓公说："咱们虽说比较强大，但屡经折腾，钱财也花去不少，还得想出一个万全之策，为国家增加一些财力！"

坐在一旁的管仲听着齐桓公的述说，心里早有了打算。等到齐桓公说完后，他微微一笑，说道："君上勿忧，微臣已有打算！"

"仲父已有打算？快快说与寡人一听！"齐桓公高兴地说。

管仲回答说："君上，咱们城东有一片乱石岗，那里有很多石头，这些石头摆在那里就是废品一堆。咱们应该聘请一批石匠，把这些石头按标准雕刻成一块块精致的石壁。刻好以后，以质论价，比如，一尺长的定一万钱，八寸的定八千，七寸的定七千。”

齐桓公听了，疑惑地问：“石头是现成的，石匠也不难找，只是石壁做好后，卖给谁呀？”

“这些微臣已经想好。”管仲接着说，“明天臣就去朝见周天子，借用他的权威，帮助咱们卖石壁！”

得到齐桓公的同意后，管仲第二天就出发朝见周襄王。周襄王当然没有忘记管仲的相助之恩，见管仲到来，慌忙从王位上站起来，高声说道：“管相国一向可好？快快坐下！”

管仲急忙摆手，说道：“天子在上，岂有微臣坐下之理？臣站着说话就行！”

“那好，爱卿就站着说好了！”周襄王点头答应。

管仲说道：“齐桓公向来以尊王为要，现在又到了深秋收粮入库之时，我们已经议好，准备十日后率领诸侯们祭祀朝拜先王宗庙！”

“好啊，此议甚妥！”周襄王高兴地说，“难得齐国众卿有此美意，先王如果泉下有知，也会由衷地感到高兴！”

见周襄王答应，管仲又向周襄王深施一礼，说道：“临来之时，齐桓公想到祭祀先王总不能空手而来，于是就聘请齐国的能工巧匠将国内的上等岩石雕刻成一批石壁。请天子发布号令，凡是来朝拜先王宗庙的诸侯都必须带一块石壁，作为进献给天子的贡礼，否则不准入朝！”

“可以，可以！”周襄王立即答应下来。其实，周襄王也有自己的私心。他想到，平时到他这里来进献礼品的人屈指可数，现在借助齐桓公之手，诸侯买来祭祀用的石壁最后将全归自己，日后也是一笔财富，所以答应得甚为痛快。接着，周襄王又对管仲说：“管相国回去告诉齐桓公，准备一些石壁运到宫中，寡人马上降旨，凡前来朝拜祭祀者，必须带一块石壁，而后交予宫中！”

周襄王这次办事儿倒挺痛快，马上颁布号令，让各位诸侯十天后速来宗庙朝拜。此令一发，众皆响应。因为周朝的宗庙管理得很严，除了周室后人可以进去朝拜之外，外人不允许踏入一步。现在有了机会，人们想着，不管花费多少，只要能进宗庙朝拜都是值得的。所以，到了那天，诸侯云集，车水马龙，带钱带物的齐来上香祭拜。尤其是那石壁，更是不可缺少之物。各国都拿出不少金前去齐国购买石壁，齐国因此增加了不少财富。

管仲利用自己的才智，又为齐国的强大添砖加瓦，相应地，齐国的霸主地位也愈加稳固，最高兴的就属齐桓公了。

这天早朝结束后，齐桓公匆匆来到管仲府上，原因是管仲最近身体有些不适，几天没有上朝。齐桓公来到管仲家中，一是尽君臣之义，二是询问管仲的身体情况。管仲不可以病倒啊，他可是齐国的栋梁之材。

齐桓公轻轻地走进管仲的院里，坐在铺垫上的管仲根本没有察觉。直到齐桓公走到跟前，轻轻咳嗽一声，管仲方抬起头来。见齐桓公突然到来，管仲忙放下手中的竹简，说道：“君上到来，微臣不知，望乞恕罪！”接着就要行礼作揖。齐桓公急忙用手搀起，说道：“仲父莫要如此，是寡人事先没有告知，与你无关！”接着，君臣盘膝坐下，齐桓公还没有询问管仲在做什么，管仲就自己先行讲明：“今日事情不多，臣将旧日写下的一些杂记浏览一遍！”

“什么杂记？寡人可否一见？”齐桓公问道。

“君上说哪里话，臣早已准备将它整理出来，叫您一阅！”说完，递了过去。

齐桓公接了过来，一看，原来是一篇有关发展经济、振兴国家的论述文章。齐桓公看了几遍，说道：“寡人愚拙，里面许多道理难以弄懂，还望仲父指教！”

“那好，君上感兴趣，微臣就略述己见了！”于是，管仲就接着往下说，“当前，齐国国内存在着多方面的利益冲突，这些冲突只有尽快解决，才能使齐国的社会经济有秩序地发展。因此，国家必须依靠政权的力量，运用强制性的政令、法令等手段禁止某些商品的买卖，或者下达指令，强迫豪强巨贾出售或者购买某种商品，从而控制与影响市场上的供求关系，以达到调控经济，使之持续、平稳发展的目的。还要根据市场情况，通过商品的敛散吞吐，调节供求关系，控制商品流通。”

齐桓公边听边点头，听到这里时，插嘴问道：“那应该如何运作呢？”

管仲回答说：“那倒好办，我们可以‘敛积之以轻，散行之以重’‘以重射轻，以贱泄贵’。通俗来讲，就是当市场上某种商品供大于求时，这种商品的价格就会下跌，这时国家为了防止富商大贾乘机操纵市场，就必须适当提高价格并大量收购，使价格保持在比较合理的范围之内；当某种商品供不应求时，其价格自然会上涨，商贾就会乘机囤积居奇，以牟取暴利，这时国家就应该将过去收购的商品以低于市场价的价格大量抛出。这不但打击了不法商人的投机活动，平抑了物价，而且国家还会在收购和抛售商品的过程中获得巨大的利润。

“国家的经济调控职能主要体现在两个方面：首先，国家需要调节社会不同集团之间的经济利益，使彼此的利益冲突保持在‘秩序’的范围之内。‘民富则不可以禄使也，贫则不可以罚威也。’意思就是说，老百姓中很富有的人不会把国家的一点赏赐看在眼里，不肯为得到俸禄、赏赐而为国家出力效命；反之，过于贫穷而无法生活下去的人，则会为生计所迫，铤而走险，干出违反国家规定的事来。对这些贫民的行为，国家的刑令是不容易起到作用的。可见，太富有与太贫穷的人的存在，都会造成社会不安定，动摇国家的统治。法令之所以不能贯彻，万民之所以难于治理，其根源就在于贫富不均。因此，为了使赏赐和刑令真正起作用，就需要国家进行必要的经济调节，防止贫富悬殊，使贫富均衡，社会方能和谐共存。”

听到这里，齐桓公又插嘴问道：“为什么只有通过国家的干涉才能调节呢？”

“原因就在这里！”管仲接着说，“趋利避害是人之常情。富商大贾绝不会主动将利益让出去，这就需要国家依靠法令与政策进行强制性剥夺，或者借助于经济手段进行调节，以达到散发囤积的粮食、调剂多余和不足、分散所聚藏货币的目的。国家发挥调节社会不同集团利益关系的职能，才能促进经济发展和实现社会稳定。同时，国家需要调节个人和个别集团与国家之间的利益矛盾，以维护国家所代表的共同利益。一方面，国家要关心人民的物质利益；另一方面，还得按照一定的道德标准对经济现象和经济行为加以规范，对人们的私利加以约束。国家要掌握操纵予、夺、贫、富的权力，把一切经济利益之源控制在自己手中，实行国家垄断，做到‘予之在君，夺之在君，贫之在君，富之在君’。国家既是经济关系的调节器，同时也是社会关系的调节器。如果君上不设法调节民间的财富，而是让老百姓无节制地追求个人私利，那么国家就会贫穷，就不能实现天下大治。”

管仲所说，深得齐桓公赞许，齐桓公频频点头。今天，不知是因为齐桓公前来管仲心中高兴，还是因为积压在胸的话语许久没有倾诉了，管仲说起话来滔滔不绝。

管仲又说道：“国家要有‘轻重之数’，也就是要懂得遵循市场运行规律，以商品生产者和商品流通活动的直接担当者的身份进入市场，按照商品交换的原则同私人工商业者往来，在竞争中控制私人工商业者，特别是那些富商大贾，夺取他们的一部分利润；同时还要依靠经济手段，同私人工商业者展开平等竞争，要‘借于号令’，充分利用各种机会，采取各种方式以国家权力支持国家工商业，帮助国家工商业取得和保持垄断地位。”

“那么，如何稳控国内物价呢？”听到这里，齐桓公插嘴问道。

“臣认为，”管仲回答道，“国家政令的缓急可以造成市场物价的剧烈波动，例如，君上要民间用货币缴纳税金，如果下令十天之内交齐，物价就会下降十分之一；下令八天之内交齐，物价就会下降十分之二；下令五天之内交齐，物价就会下降一半；限一天之内交齐，物价就会下降十分之九。因此，国家可以通过政令获得收入。政令紧急，促使市场物价下跌，国家乘机廉价收购商品，等到市场恢复常态后再待价抛售，就可从中牟取巨大利润。”

谈到这里，管仲对齐桓公说：“想必君上不曾忘记，当年虞国国君为了备战需要购置兵器，因为国家财政困难，没有资金从私人手工业者手中购买兵器，于是虞国国君想了一个办法：春天农民备耕资金不足时，由国家借款给农民；秋收以后，五谷丰登，谷价大跌时，国家对农民说，‘你们所借的钱现在就用粮食偿还。’这样，国家廉价获得全国半数的粮食，市场上的粮食供应因此少了，粮价随之上扬。于是，国家命令全国各地的手工业者都置备兵器，并发布消息，因为国家缺少货币，只能以粮食代替货币作为支付。这样，国家用廉价获得的粮食换得了手工业者的兵器，从而使国家从中获得了暴利。咱们可以借鉴虞国的做法，这样国库很快就会充盈起来。”

说完这番话后，管仲暂时停了下来，忽然想起，齐桓公来了这么长的时间，连口水都没喝，于是马上喊人过来，给他们添水。

时间过得很快，正午之时，齐桓公回宫用膳了。

午后，管仲觉得身体有些劳累，就想躺下休息一会儿，正在这时，外面的人忽然高喊：“管夷吾，有客人到了，也不出来迎接！”

管仲一听，赶紧坐起来，哈哈一笑，大声说道：“今天是个什么日子，不是君上来，就是贵客来！”说完，出门去迎接来人。

来人是谁？就是他的好友鲍叔牙。两个人见面后，互相施礼，互致问候。

自上次进讨楚国后，二人已有两个多月没有见面了，这次一见，更显亲热。管仲拉着鲍叔牙的手，从门外一起走进屋中，两人共同盘腿坐在铺垫上。管仲问道：“鲍兄来到府上，想必有要事？”

鲍叔牙一笑，回答道：“你先不用问我，我问一下你，方才你说君上来过你这里？”

管仲回答：“正是，没多久前才回到宫中！”

“所来何事？”鲍叔牙问。如果是别人，多大的胆子也不敢过问国君之事，可鲍叔牙毕竟是齐桓公的恩师，二人的关系情同父子，没有他，就没有齐桓公的今天。更何况，鲍叔牙与管仲的关系堪比亲兄弟，故此，说话不必拐弯抹角。

于是，管仲向鲍叔牙讲了自己和齐桓公详谈的振兴国内经济之事。接着，鲍叔牙告诉管仲，他也没有什么大事，只是就当前有关齐国经济发展的事由，前来询问管仲。

“夷吾兄弟，有一事为兄总是存有疑虑，就是当前在生活消费方面，从宫中到百姓，出现一股奢靡之风，这样持续下去，对国家实在不好啊！”鲍叔牙终于说出了这次来访的原因。

管仲听了，微微一笑，说道：“鲍兄所虑，有时我也有同感。”说至此，管仲停顿一下，想了一会儿，接着又说：“就我个人来说，在消费上，一方面，我们必须崇尚节俭，主张开源节流；另一方面，在特殊的情况下，我们也应该主张适当的消费。崇尚节俭，反对奢侈，是我们一贯坚持的基本消费观念。国虽富，但俭而不侈，这是正天下之本。从日常消费需求来说，一切用度应以‘足’为准，坚持以节俭为治国之道。从消费引导来说，要崇尚节俭，反对奢侈，这是当务之急。不明白这一道理就不可能管理好国家。若国君带头节俭，在百姓中树立简朴的形象，就会受到百姓的拥戴，其统治地位就会得到巩固；若不管百姓的温饱，不顾百姓的死活，只顾自己骄奢淫逸，会导致社会风气的败坏，甚至使国家灭亡！”

说到这里，鲍叔牙也插嘴说道：“我的忧心，也在此点啊！”

管仲点点头，说道：“鲍兄所虑，难能可贵！”管仲肯定了鲍叔牙后，又接着阐述下去，“我们必须将节俭禁奢作为‘为国之急’。国君没有积贮却无休止地追求宫殿的雄伟壮阔；百姓没有积贮却只顾注重衣着服饰的华丽美观；乘坐车子的人一味讲究装饰的豪华；步行的人只顾讲究衣着的华丽，这些都是坑害国家的劣习和陋俗。国家奢侈，费用就要过多支出；费用多了，百姓负担就会沉重；负担沉重直接导致生活上的贫困；百姓贫困了，走投无路了，就会心生邪念，社会上就会出现偷、抢、盗、淫的恶行，从而造成秩序的混乱、世上的不宁。因此，禁止奢侈浪费是国家的当务之急。当然，当社会上的物质充裕时，也允许适度消费。但一定要记住这点——侈不离度，俭不伤礼。上至国君，下至将军、大夫、县治、官吏，都应该遵守一个消费标准。这样国家就能够积聚财富，平复民心！”

对于管仲的这番言论，鲍叔牙深为佩服，他抚掌大笑：“管夷吾，你不只是个排兵布阵的高手，还是个精于治国之人啊！”停了一会儿，他又问：“夷吾，你说得这么好，那日后应该如何实施才对呢？”

对于好友的夸奖，管仲很是高兴。他见鲍叔牙又问，就又讲了下去：我认为，应该从扩大消费入手，而且扩大消费也有四个好处。第一，扩大消费，这是人们的内在要求，是调动百姓劳动积极性的重要手段。饮食是百姓的欲求，侈乐是百姓的愿望，满足他们的欲求和愿望才能使他们安居乐业。如果让百姓过着衣食无着、茹毛饮血的日子，怎能鼓励和提高百姓的生产积极性，保证国家的长治久安呢？第二，扩大消费，可以促进生产。生产决定消费，反过来消费可以促进生产。为了进一步促进生产的发展，要鼓励消费，促进商品流通，推动农业以及其他行业的发展，使消费、市场流通和生产三者之间相互依存、相互促进。第三，扩大消费，也是经济调控的一种重要手段。“夺余满，补不足，以通政事，以赡民常。”财富有多有寡，民众有贫有富。富者侈靡消费，不会积蓄财产，而财产通过适当消费形成散财，从而满足民众的日常所用，实现“夺余满，补不足”的目的。这样一来，就能将适当消费限于富者范围之内，对“夺余满，补不足”会起到一定的调节作用。第四，扩大消费，可以扩大劳动者就业的机会。当国家出现自然灾害而民失其本的时候，鼓励富者适当消费，就会增加贫者的劳动就业机会，使贫者有工可做，有饭可吃，贫者的基本生活就会得到保障。贫者就不会因为天灾无食而背井离乡、流离失所，也就不会铤而走险去犯罪了，就能使社会平稳祥和。此外，适当消费也可以使社会财富不过多地集中在一小部分富人手中。因此，在特殊情况下，适当消费有利于稳定社会秩序，维护统治者的统治地位。

鲍叔牙听了管仲的这个认识和论述后，钦佩得五体投地，他高兴地说：“上天给齐国送来一个管夷吾，是小白的极大造化呀！齐国能登上霸主地位，都是老弟你的功劳啊！”

对于管仲来说，他这一天过得很有意义，但又非常疲惫。一前一后，一君一臣，都是自己的知心之人，自己把酝酿已久的想法一股脑地说出来，大家又很认同。这天夜里，管仲欢喜得一夜未眠。

八、战我不胜，扬我之威

|一代名相的沉重嘱托|

公元前645年，也就是齐桓公在位的第四十一年，一天傍晚，管仲觉得屋中燥热，想去外面凉快一下。他抬头望天，一丝凉风吹过，觉得身上一阵清爽，抬头望天的时候，天空中忽然来了一片乌云，将晴朗的夜空遮住，四周突然变得浑浊不清，刚才看到的几颗亮星，时而露出，时而隐蔽。管仲只觉一阵晕眩不止，蹲在地上难以起身。

管仲的脑海中闪过一丝念头：这是怎么了？难道真的是我命休矣！看起来，冯长的话将要应验，我的阳寿将尽，不能再待在阳世，就要离开我喜爱的齐国臣民，离开恩宠我一世的齐桓公了。管仲想到这里，眼中不由得流出眼泪。

这是怎么回事儿呢？原来在管仲三十五岁时，即辅佐齐桓公之前，他曾去鲁国经商，从鲁国经商回来的途中遇见一个自称冯长的老人。老人鹤发童颜，精神矍铄，见到管仲后，与其攀谈起来。谈话间，老人对管仲直言相告，说再过三年，管仲将入朝为士，辅佐新君数十载，到时功德圆满，名留于世，就该回归本位了。此时，管仲细想一下这个冯长的话，时间几近吻合。公元前685年，管仲三十八岁，那年他被齐桓公封为相国，主持大政。从此，他殚精竭虑，西战东征，调和诸侯之间的矛盾，争取中原一带的和平，扶持齐桓公登临霸主之位，成就了一件件大事，而管仲也从一个壮年汉子成为年迈老人。

难道真的要离开这个世界了吗？管仲越想越心酸，声音嘶哑地喊了声："田倩，你快过来！"

正在屋中的田倩听到喊声，跑出来一看，管仲躺在地上，气喘吁吁，慌忙地问道："相爷，您……您病了？"

管仲无力地点点头，倒在了田倩的怀里。管仲的妻子早在几年前去世，此时只剩下侍妾田倩在身旁照料。一见夫君病了，田倩急忙喊来几个下人，七手八脚地把管仲抬到了屋中。

管仲病倒的消息，很快就传到了齐桓公那里。齐桓公大吃一惊，赶紧来到管仲府中看望。管仲病倒了，对于齐国来说，无疑是支撑社稷的柱梁倒下了，对于整个中原来说，无疑是一场灾难。

齐桓公一进管仲的卧室，就见他无力地躺在榻上，在室内昏暗的烛光照耀下，他的脸色特别难看。齐桓公上前抓住管仲的双手，急切地喊道："仲父，你怎么了，为什么突然病了？快传太医前来诊治！"

管仲看见齐桓公到来，说了声："君上，您怎么来了？"接着就想勉强坐起来，刚一动弹，齐桓公将他扶住，说道："仲父病到了这种程度，不必多礼了，好好休息吧！"

过了一会儿，管仲又挣扎着斜倚在榻上，对齐桓公说："君上不必忧心，臣自知阳寿将尽，根本没有医治良方，不要麻烦太医了！"

听到这里，齐桓公心如刀绞，不由得落下泪来。四十多年来，两个人虽是君臣，但关系亲近，不论大事小事总是一同商量，共同研讨。对于管仲的主张，齐桓公一向支持。从多年的战绩来看，按照管仲的意愿来做，几乎每战必胜，每城必克。如果管仲就此撒手离去，以后的日子将怎么办？谁来代替他担当相国一职？况且南方的楚国虽然归顺，但从种种迹象来看，仍有不服管辖之意。

管仲发现齐桓公情绪低落，已经明白他的担忧。于是，管仲轻声安慰道："君上不必过分忧心，普天之下，哪有不散的筵席？人生在世，哪有长生不老之理？况且，早在四十多年前，就有一个老人冯长给微臣断过阳寿，今当休矣！"

"一个老人断言？他是哪里人士，竟敢胡言乱语，待寡人派人找他，问个究竟。"没等管仲阻拦，齐桓公就派雍廪按照管仲所说，往骊山去寻访冯长。雍廪到骊山之后，向当地一个老人询问这里是否有冯长这个人。

老人问道："冯长何许人也？是干啥的？"

雍廪回答："是个看相老者，你可知晓？"

老人看看雍廪，说道："将军，你所说的什么冯长，我处根本没有。要说看相之人，从这里往西走，翻过一座大山，山下有一片竹林，林间有茅屋一座，里面住有一个百岁老翁，深谙此道。他上通天文，下达地理，识阴阳吉凶之道，辨鬼神出没之机。将军所问，定是此人！"

雍廪听完，谢过老人，带着两个士兵，按照老人所说，翻山越岭，找到了那个地方。只见此处深谷幽静，溪水淙淙，竹林葱翠，鸟雀啁啾。进得竹林，有一所草庐，竹篱茅舍，甚是清奇。屋外一个小童，正在清扫竹叶。在小童带领下，雍廪来到茅屋跟前，只见一老叟，微闭双目，抚琴端坐。小童低声通报："师父，您今日说有齐使将至，现在已到近前！”

雍廪一听，心想：此老叟未卜先知，真当世之仙也！遂入下拜。老叟连忙将他扶起，说道：“我乃山间老叟，怎敢烦劳大夫下拜。”

雍廪答道：“我奉齐桓公之命，特来求我相管仲吉凶，以便复命！”

老叟听了，平静地说道：“管相国之生死富贵，四十多年前已与之亲谈矣，今日何必再问？”

雍廪再三哀求：“先生如不赐我一言，回去怎能回复君上？”

老叟仍未答言，只是取出竹简，用笔写了十六个字交付雍廪，然后吩咐童子：“送客！”

雍廪看看竹简，上写“龙逢水位，鼠从火兴，一虎归窟，蛟蚓埋井”。雍廪看后，不解其意，于是带着人员急速赶回。到了宫中，先汇报拜见的经过和老叟的一番话语，而后将竹简递与齐桓公。

齐桓公看了字，四句话一句都不懂，忙问群臣。中军咨谋宁戚看了，说道：“这四句话，写明管相国阳寿已尽也！”

齐桓公问道：“何以知之？”

宁戚解释道：“龙者人君之象，水者纳音之号，当今周王七年，岁在丙子，丙子纳音属水，故曰龙逢水位也。鼠者子之生肖，火者丙子所属，今年丙子太岁，故曰鼠从火兴。‘一虎归窟，蛟蚓埋井’者，人臣去世之意。此臣所以知管相国今岁必终也！”

“‘一虎归窟’指的就是仲父，那么‘蛟蚓埋井’所指何意？”齐桓公不解地问。

宁戚摇摇头，也说不解其意。

此时，管仲还昏昏沉沉地躺在榻上。齐桓公怀着忐忑的心情来到其面前，轻声唤道："仲父，感觉怎样？"

管仲无力地睁开双眼，点头示意齐桓公坐下。齐桓公坐了下来，哀叹一声："仲父啊……"话没说完，欲言又止。

看着齐桓公这种状态，管仲心中已然明白了一切，他倚靠在榻上，轻声说道："君上难言之隐，微臣猜想一下，不知可否？"

"那好，仲父尽说无妨！"齐桓公回答。

"君上目前最担心的就是微臣撒手人寰以后，谁来代替臣下一职！"管仲真是说出了齐桓公的忧心之处。

齐桓公听得管仲一语说到了自己内心的痛处，心中的郁闷消散了许多。自从管仲患病，尤其是听了雍廪带回来的消息后，齐桓公更是坐卧不宁。国不可无君，君也不能没有谋臣呀！眼见管仲就要离自己而去，谁来担任相国一职，已成了齐桓公的一块心病。齐桓公本想询问一下管仲的意见，但见到管仲如此衰弱，再谈论他的继任之事，实在是对他大大的不敬，也唯恐搅乱他的心神，加重病情，所以，齐桓公并未说出心里话。现在管仲自己点明，齐桓公只得默默点头。

过了一会儿，管仲直视着齐桓公，反问："君上的心目中，认为谁可以为相呢？"

齐桓公想了一会儿说："仲父如果不在，鲍叔牙总可以了吧？"

管仲摇摇头，断然说："不可以！"他回答得很干脆，似乎早已料到齐桓公必有此问。

听到这个答复，齐桓公很是惊讶，他之所以提出继任人是鲍叔牙，原因有两点：一是鲍叔牙是他的授业恩师，也是极力辅佐他登基的人。可以这样说，没有鲍叔牙，也就没有他的今天。今日相位就要空缺，让鲍叔牙这个亚相继任理所当然；二是鲍叔牙与管仲关系不一般，两人情同手足，如果不是鲍叔牙的举荐，管仲也无今日辉煌，让鲍叔牙继任，管仲肯定答应。可是，管仲的想法却与自己的不一样，莫非仲父也是忘恩负义之人？齐桓公心想。因此齐桓公问："为什么？虽然鲍叔牙的才能比不上仲父，但也是文能治国，武能征战，为人又刚正不阿，不是很得人心的吗？"

齐桓公这样问，已在管仲预料之中。管仲看了齐桓公一眼，缓缓说道："正如君上所说，鲍叔牙的确是一位了不起的君子，为人清廉正直，品德高尚，即使把千乘之国给他，如果不符合道义，他也不会接受。但君上不会忘记吧，当初臣拜为相国，分封诸臣之时，曾与君上讨论过鲍叔牙，说他过分地好善而疾恶如仇。四十多年来，他的这一弱点非但没有克服，反而愈演愈烈。好善虽是美德，可看到别人有了一点儿过失，就终生不忘，这如何能发挥每个人的长处为国家效力呢？人生在世，孰能无过？使用人才，还得看他是否有利于国家和民众。所以臣说，鲍叔牙这一弱点，实在是治理国家的大忌啊！"

管仲说到这里，齐桓公点了点头，仍未说话。停了一会儿，管仲又说下去："君上，鲍叔牙和臣的交情长达几十年，他对臣来说，恩同再造，情深似海。臣过去说过，生我者父母，知我者鲍叔牙，这份恩，这份义，这份情，臣岂能忘却？但是，现在咱们谈的是国家大事，不是私人交情。这个相国职位，关系着齐国日后的兴衰，关系着齐国的霸主地位能不能巩固下去，所以，必得摒弃个人的好恶，确定一个最佳人选！"

管仲说到此处，已是气喘吁吁，然后，困乏地闭着眼睛，短暂地休息了一会儿，他又睁眼看着齐桓公。

齐桓公见状，一阵心酸，但余下的话又不得不问。他问："那么，仲父以为谁可以胜任呢？”

管仲叹息一声，说：“就目前我们现存的人才中，论能力，宁戚不错，但他资历不深，恐怕难以服众。宾须无、仲孙湫等老臣，均已过世。眼下能当此任的，恐怕只有隰朋了。隰朋心胸宽阔，善于考虑有关国家前途命运的大问题，而又能不耻下问，能放手任用人才，而不事事包揽。还有，他居家不忘公，忠君不二心，大事不糊涂，小事不计较，凡事必量力而行、尽力而为，这些优点正是为相所必需的啊！”

齐桓公点头，赞成管仲对隰朋的评价。君臣二人又讨论了其他的文臣武将，数来数去，最后还是觉得只有隰朋最为合适。于是，二人当场就确定了下来。

商量好了这一大事后，齐桓公生怕管仲过于劳累，便欲告辞，管仲却谈兴未尽。在病中，他对齐国的内政、外事深思熟虑，有些事情还放心不下，需要向齐桓公做个交代。

外事上，齐桓公认为中原暂时还没有国家能与齐国匹敌，齐国最大的劲敌仍是楚国。而江、黄两个小国的归属问题，正是齐国与楚国发生正面冲突的触发点。管仲告诫齐桓公：“江、黄两国离齐国很远，却是楚国的近邻，楚国对两国私下与齐国交好甚为恼火，早有吞并两国之心，迟早会趁齐国疏于防备之际下手。所以，此两国要想生存下去，就要时刻防范楚国的吞并。”

齐桓公说：“这两个国家虽小，却敢于和楚国相对抗，主动与齐国结盟，让人敬佩有加。寡人身为中原盟主，总不能眼看着这两个国家遭受灭顶之灾而不管吧？”

管仲说：“臣想的正是此事，依臣之见，君上不如主动把这两个小国托付给楚国，楚国受人之托，也就不好再吞并两国了。这样，对于齐国来说，与江、黄两国的盟约尚存，又不伤害楚国，两国可以安然存在。如果齐国仍与这两国结盟，与楚国为敌，一旦楚国来打他们，君上又鞭长莫及，不能及时相救，天下诸侯皆道君上空负盟主之名，而不能救人于危难之中；江、黄两国也必然怨恨君上，而被迫归附于楚，祸乱也由此而生，齐国将与楚国结下怨仇，累年交兵不息，到那时危害就大了。所以，臣认为江、黄两国虽小，但牵动甚大，望君上千万莫小视此事。”

齐桓公听管仲之言，也觉得很有道理，当即答应与江、黄两国国君密商此事。如两国国君同意，即可照此办理。

最后，管仲向齐桓公说了他认为国内最有可能发生的事，也是他最为担心的一件事。管仲说：“还有一件事必须要提醒君上，不过……”他停住话头，犹豫着没有说下去。

齐桓公恳切地说：“仲父还有什么话，尽可言明，寡人无不听从。”

管仲摇摇头说：“此事比不得别的事情，说了恐怕也没有用，君上是很难做到的啊！”

齐桓公一听，激动地说：“寡人绝对不会如此！仲父辅佐寡人称霸天下，凡违背仲父之言，往往会受到挫败；凡听从仲父之计，则是战无不胜，攻无不克。寡人心中早已将仲父奉为神明圣贤，你的话寡人怎会不听呢？”听至此，管仲会心一笑，强打起精神，神色凝重地说道：“那就恕臣直言了，臣这次病得很厉害，恐怕难以追随君上左右了，国家有几件大事，臣说与君上听。君上年高德劭，威震四方，又有鲍叔牙、隰朋、王子成父、东郭牙等一干重臣辅佐，当可继续保持对众诸侯之威慑之力，臣无忧；现今的齐国，国家富足，仓廪满溢，百姓安居，抵得住水旱灾荒的侵袭，可保齐国的太平盛世，臣无忧；太子昭，性情豁达，聪颖明理，又有宋襄公大力扶持，君上后继有人，乃齐国之幸，臣无忧；周襄王不擅权谋，但用人不疑，虽无治理天下之雄心，却也是个贤明之君，他靠君上的倾力扶持方得天下，必不会忘记君上的大恩大德，臣无忧。由此可见，齐国仍具有成就霸主之业的三大条件——天时、地利、人和，君上当可继续称霸中原，无人能望君上项背，臣可瞑目而去！”

齐桓公听着管仲为他描绘美妙的晚景，甚为感激，说道：“寡人何德何能能成就霸主之业啊，均是仲父之功啊！”

管仲摇摇头说：“管仲一人又有多大能耐，能干出这番惊天动地的大业，还不是因为君上善于用人，文臣武将能够齐心协力帮助君上！”管仲说到此处，话锋一转说，“不过，要使这一切得以保持，需要有个条件……”

“是何条件？”齐桓公立时警觉起来。

管仲说道：“以齐国现今之强盛，君上之威严，天下诸侯乃至周王室又能奈我何！臣唯一担忧的便是内乱，只要内乱一起，便如洪水泛滥，齐国再强盛，也会在顷刻间土崩瓦解，由极盛走向衰亡，到那时，即使神仙也无力挽救……”

齐桓公听管仲此言，顿觉一股冷气袭身，困惑地问：“仲父可看出有内乱之迹象？”

管仲断然说：“正是！”

“是吗？真的如此严重？”齐桓公愕然。

“此事落在君上身上，只要君上当机立断，忍痛割爱，可保无虞，因为祸乱之根，便是易牙、竖刁、开方三人。臣死之后，君上必须弃易牙、竖刁、开方三人而不用，方可保得齐国江山稳固，君上的霸业不倒，否则，齐国将毁于此三人之手。”

由于易牙、竖刁、开方三人对齐桓公恭恭敬敬，善于体察人内心深处的喜忧之事，且嘴甜手勤，将齐桓公伺候得舒舒服服的，所以齐桓公对此三人甚是喜爱。齐桓公只把他们当作内侍，从来没有看得太重，见管仲今日说得如此严重，甚是不解，便问：“这三人怎会有如此恶行？又怎会有如此胆量？他们都是真心敬爱着寡人的啊。”

管仲苦笑着说：“何谓真心？易牙杀了自己的儿子，把肉烹羹献予君上吃。爱自己的儿女乃是人之常情，但他却对自己的亲生骨肉如此这般，可谓心如蛇蝎，又怎能真心敬爱您呢？君上喜欢美色，内宫姬妾为博得您的欢心而争风吃醋，互相妒忌，竖刁自己宫身而为您管理内宫。爱惜自己的身躯乃是人之常情，但他却对受之于父母的躯体如此糟践，可谓心已残缺扭曲，又怎能真心敬爱您呢？卫公子开方离开自己的国家专门来侍奉您，齐国与卫国之间只有几天的行程，他却十五年不回国探望，连父亲亡故都不回去奔丧。爱国家，孝父母，乃是人之常情，但他置自己的国家和双亲于不顾，可谓心冷如冰，又怎能真心敬爱您呢？没有真心敬爱，却又蛰伏深宫，极尽献媚之能，必有大的企图，这正是祸患之源，君上不可不防啊！”

齐桓公听了，仍难以相信，迟疑着说：“可那么多年都过去了，宫中不也相安无事吗？再说，仲父也没有早劝寡人弃此三人啊。”

管仲说：“臣之所以不说，乃是因为他们能为君上所用。他们之所以没有本相毕露，是因为对臣有所惧怕，君上也精力旺盛。臣若一死，君上也已年迈，身边重臣死的死，老的老，他们必定借助后宫长卫姬之名，趁机发难，无人能制。这犹如水流，有臣作为堤防，水便难以泛滥，今堤防一去，便有横流之患。”

齐桓公见管仲重病之际还为齐国、为自己如此操心，甚为感动，虽认为管仲对竖刁等三人之事有些小题大做了，但终归不忍拂了他的心意，便勉强答应了下来。而后嘱咐管仲好好休养，不可过度劳累，又安慰了几句话，便告辞而去。

就在这年的春天，楚国背弃与中原诸侯的盟约，派遣大军侵犯欲与中原诸侯国结盟的徐国。徐国向齐国求救，并特意致书管仲，要他务必派兵来救。徐国是戎夷，是当时东夷中最为强大的一支，在泗洪一带建立国家。当年周天子带领诸戎攻打王城，便以徐国之君为首，管仲平戎时，说服其罢兵息战，徐国之君遂与管仲有了交情。此时，管仲虽在病中，仍然力劝齐桓公救徐国。

齐桓公见管仲病重，本不欲出征，听管仲如此说，便邀集鲁、宋、陈、卫、郑、许、曹等诸侯国出兵救徐国。各路人马会师于牡丘之地，齐桓公主持，重申葵丘盟约。而后，依管仲之计，率军攻打楚国的附属国厉国，以解徐国之危。楚军果然来救，徐国之危遂解。

这一日，天空晴朗，万里无云，齐桓公独步于帐外旷野。按说，他救徐成功，本该欣喜才是，可他近两日却无缘无故地心跳加快，白天魂不守舍，夜里噩梦相伴。他仰望天空，悬挂中天的红日渐渐逝去，约摸一炷香的工夫便完全消逝，仿佛被天狗吞噬，天空顿时变得一片昏黑。齐桓公大惊，脑子里涌出一个念头："莫非是仲父……"此念一生，他不由得惊出一身冷汗，仓皇回到大营，命令大军即刻班师回国。

齐桓公率大军回到临淄，顾不上路途劳累，立刻率众大夫去看望管仲。果然，管仲已危在旦夕，两眼死死地望着上方，已经说不出话来。齐桓公上前，轻轻握住管仲的手，哭泣道："都是寡人不好，不该在仲父病重之时出征，险些见不到仲父……”管仲神色安详，他仿佛听到了齐桓公之言，僵木的脸上微微露出一丝笑容。

田倩见齐桓公来到，哭泣着告诉齐桓公，管仲在能言之时，曾让她代为传话，要鲍叔牙、隰朋、王子成父、东郭牙等精心辅佐齐桓公，并要齐桓公不要忘记对他许下的诺言，该断则断，以免齐国出现祸乱。

站在旁边的齐桓公和鲍叔牙、隰朋等人听了这些话语，无不泪流满面。

众人正在哀伤，管仲的双目突然生光，缓缓地扫过在场每个人的脸，似是回光返照，做最后的道别。看到隰朋之时，他的目光停住了，安详的神色变得黯然。他的目光转向齐桓公，无力地伸出食指，指指鲍叔牙和隰朋，又指指上天，再轻轻摇摇头。这几个动作下来，管仲已累得喘息不定，便闭上了双目。齐桓公和众人面面相觑，皆不解其意。齐桓公问田倩这是何意，田倩泪眼模糊，看了一眼鲍叔牙、隰朋二人，也没言语，只是掩面而泣。

齐桓公安慰了田倩，遂与众人告别。他刚刚出得门来，田倩就跟了出来，说道：“君上暂且留步，臣妾有话要讲！”

众人离去。齐桓公站住，诧异地望着神色凄楚的田倩。田倩说：“相国指指鲍叔牙、隰朋，又指指上天，这是在示意君上，他们两个也将和他一样，不久便离开人世。摇头，是告诫大王不可再拜隰朋为相。”

齐桓公一听，如同遭到雷击，大惊失色，站在原地，愣是说不出话来。

是夜，管仲病逝，一颗明星陨落。

齐桓公听闻，来不及穿衣，慌忙赶到相府，痛哭道：“哀哉，仲父！此乃天折吾臂啊！”

齐桓公命全国为管仲举丧，鲍叔牙、隰朋等与管仲交厚的重臣昼夜轮流为管仲守灵。殡葬之时，齐国陷入一片悲哀之中，痛哭之声不绝于耳。齐桓公亲致悼词，说道：“仲父与小白以箭结缘，拜相于乱世，勤勉国事，呕心沥血，兴霸王之业，鞠躬尽瘁。其大贤大德，大智大勇，冠绝天下，千古流芳。仲父与小白携手共游，纵横天下四十余载，亲如父子。只望同享太平，不幸离去。苍天何其不共？神灵何其不明？争我仲父，毁我栋梁！小白痛乎！哀哉！”

管仲走了，离开了他为之奋斗四十余载的齐国，离开了他深爱的齐国百姓，离开了与他情深意厚的挚友鲍叔牙，离开了同他朝夕相处的齐桓公，去了他应该去的地方。齐国的擎天柱倒下了，包括齐桓公在内的众人，无不心情沉痛，哀气沉沉。

然而，此时朝中有三个人却欣喜异常。哪三个人？易牙、竖刁、开方。这三个人在管仲执政之时，各个畏首畏尾，根本不敢随意动弹。现在，他们翘首以盼的时机来了，管仲撒手人寰了。所以，在全国哀悼管仲逝去的时候，他们几个聚在一起，一边喝酒，一边击缶，以示庆贺。同时，他们也一起策划了三个阴谋方案：一是鼓动鲍叔牙作乱；二是索要权力；三是妄图篡位。

这天，鲍叔牙因为管仲的离去沉痛不已，连早饭都不想吃。毕竟，两人自年少就在一起玩耍、嬉戏，从未争吵过，长大后一起经商做买卖，维持家中的生计，在资金分配上，都是相互礼让。后来，两人一起进入军队，相互照应，携手战斗。因为齐国内乱，两人暂时分开，分别护着一名公子远赴莒国和鲁国。齐国国内稳定后，齐桓公即位，鲍叔牙力保管仲，使他当上了齐国相国，两个人携手，共同辅佐齐桓公登上了霸主之位。对于这个结果，鲍叔牙高兴的程度绝不亚于齐桓公。一方面，齐桓公自幼就师从于他，所学的各种知识基本都来自他的教授，看到苦心教授出来的学生成了天下霸主，他由衷地欣慰；另一方面，自己的挚友管仲有了施展抱负的平台，成了造就一代霸主的重要人物，哪有不高兴之理？但此时管仲却撒手而去，鲍叔牙既为齐国的前途忧心，又为自己没有了知心者痛彻肺腑。哎，真是天命难违，人力难以阻挡！谁知正在这时候，门外来了一个不速之客，易牙到了。

鲍叔牙深知易牙这人的德行，且从心底里厌恶他。见易牙来了，鲍叔牙没好气地问道："易大夫，你来做什么？"

易牙见到鲍叔牙，笑着说："太傅，看您的样子，怎么心情如此不好？"

"好，有什么好的？管相国刚刚过世，这是齐国的一大损失，难道像你们一样幸灾乐祸吗？"鲍叔牙毫不客气地回答。

易牙一听，话头不对，掩饰着说："太傅，小人怎敢幸灾乐祸？小人是这样想的，管相国在世时，谁都对得起，唯独对不起您，小人心中总有不服！"

"哦，管相国哪里对不起我？你倒说说看。"鲍叔牙一听，不知他要搞什么名堂，故意问一下。

"太傅既然要问，小人也就直言相告了！"易牙看了鲍叔牙一眼，接着说道，"大凡齐国之人，无不知道是您当年劝谏齐桓公将他保下来，不仅救了他一命，而且还让他当上了齐国相国。按道理来说，这个恩情他应当永世不忘。可管相国呢，他却忘恩负义，丢了良心。”

说到这里，易牙停顿了一下，见鲍叔牙没有动静，心想，一定要让你憎恨这个好友，然后继续说：“最不该的就是，在齐桓公让他推荐相国人选时，他不仅没有提您，还极力反对齐桓公让您担当此任，说您不行。您说，管仲他还是人吗？”

说到这里，易牙咬牙切齿，控制不住情绪，破口大骂。可见，他已经愤恨到了极点。

“住口，你这个势利小人！不许你这样辱骂管相国！”鲍叔牙终于爆发了，“管相国这样做，完全出于公心，全从国家利益出发，并无蔑视我之意。我个人的能力我知道，从哪个方面来讲，都不能与他相比，更不能担当此任。你们这样的家伙，管相国在世时，敢说这番话吗？我告诉你，日后再听见你如此谩骂他，我将奏明君上，砍下你的脑袋！”

鲍叔牙的反应完全出乎易牙的意料之外。易牙看到鲍叔牙如此愤怒，自知惹不起，于是擦擦脸上的汗水，赶紧溜走了。

也许是因为生了易牙的气，自此以后，鲍叔牙的身体每况愈下，经常梦见管仲来找自己。且每梦见一次，身体就越发虚弱一点。一天晚上，正在沉睡中的鲍叔牙模模糊糊地看见一条小蛟龙从东方飞来，朝着西方飞去，然后被一束强烈的阳光淹没……突然，他被进来送东西的一个下人吵醒，原来他又做了一个梦。鲍叔牙对这个梦境迷惑不解，由此，渐渐地病倒在床。

听说太傅病了，齐桓公好生着急，连早饭都没吃就来到了鲍叔牙的府中。进屋一看，他大吃一惊，只见鲍叔牙面色苍白，有气无力地躺在榻上。听说齐桓公到来，鲍叔牙微睁二目，声音微弱地说：

“君上，恕微臣不能见礼！”

齐桓公急忙上前，说道：“太傅切勿如此，怎么病得如此厉害？你要保重身体呀！”说着，眼圈一红，几滴泪水滚下。

见到齐桓公如此悲痛，鲍叔牙急忙安慰道：“天有不测风云，人有旦夕祸福。现在，微臣年逾古稀，身染沉疴，也属正常。看来，臣已不能与君上共享富贵了！”说罢，也怅然落泪。

“那就叫太医为你好生看一下吧！”齐桓公听了鲍叔牙的话语，心如刀绞，不知道说什么话来安慰他。

“君上，微臣已知自己的病难好，夷吾在上边已经招呼臣几次了，臣若不去，他太寂寞了！”鲍叔牙说完，浑浊的眼内又流下了几滴眼泪。

鲍叔牙说这些话语，显然是神志不清的表现。齐桓公听了，无奈地摇头叹息，他上前抓住鲍叔牙的双手，轻声问道：“太傅，你对寡人还有何教诲？”

过了一会儿，鲍叔牙对齐桓公说道：“并无他言，只是日后小心身边的亲近之人，所指何人，想必君上也已知道！”

齐桓公点点头，知道太傅说的是易牙他们几个。齐桓公又坐了一会儿，随后就回宫了。

就在这天晚上，鲍叔牙走完了他的人生之路，永远地合上了眼睛。

鲍叔牙死后，齐桓公以王侯的待遇对他进行了安葬，坟墓修在临淄城外的一座山旁。此山巍峨壮观，遍长青松翠柏，一条河流环山而过。这个山头不算太大，原本没有名字，因为鲍叔牙葬在此处，为了纪念这位先贤的功德，此处后被当地人赞誉为“鲍山”，时至现在，仍沿用此名。

在不足半年的时间里，管仲、鲍叔牙都撒手西去了。没多久，隰朋也突患重病，不治身亡。不到一年的时间里，齐桓公身旁三位重臣都离他而去。

三位股肱重臣的病逝，一下子把齐桓公击倒了。他食不知味，夜不能寐，忧心日后齐国的前途及自己的命运。这天，他把宁戚叫来，询问日后齐国的前程事宜，也谈到了管仲、鲍叔牙、隰朋去世之事。

现在，齐桓公身旁的重臣们基本都已过世，剩下的这个宁戚，算是最有知识、最有见解的臣子了。宁戚来了后，安慰齐桓公："君上，不可整天过度忧虑。常言道，一切事物的发展都有它的规律。这个规律，人力是不能扭转的。正如管相国、鲍太傅、隰大夫三人离世一样，均属上天安排，不可逆转！"

"哦，这话怎讲？你倒给寡人详解一番！"一听宁戚这样说，齐桓公似乎来了精神，问道。

宁戚见齐桓公来了精神，便告诉齐桓公："君上想必记得，雍廪去到骊山找冯长的时候，曾带回来十六字箴言——'龙逢水位，鼠从火兴，一虎归窟，蛟蚓埋井'。微臣据此推算，管相国为尾火虎，隰大夫为角木蛟，鲍太傅为轸水蚓，三个皆是天上之星宿，前来辅佐君上建立齐国，今使命也已完成，故回归上天复命去了！"

不管宁戚说的是真是假，反正如今事实已是如此，也就不由得齐桓公不信了。

九、征途漫漫，不负初心

| 远离小人方得始终 |

齐桓公接受了管仲和鲍叔牙的劝谏，把易牙、竖刁和开方三个佞臣赶出了宫廷。三个家伙根本没有想到齐桓公会赶自己离开宫廷，所以都感到非常意外。

三个人中，易牙的岁数最大，也最有心机，他对竖刁和开方说道："二位，你们不要总哭丧着脸，像死了爹娘似的，据我分析，不超过两个月，齐桓公非得招呼咱们进宫不可！"

竖刁见易牙这样宽心，说道："不哭丧着脸，还能笑得出来？"

"真是，把咱们像赶牲口似的从宫里轰了出来，以后还不定有啥下场等着咱们呢！"开方也说。

三个臭味相投的家伙议论一阵子后，决定先找一个地方住下来，等待时机。

再说齐桓公，本来这阵子就忧心忡忡，食欲不振，现在又把平常围绕在自己身边的三个人赶走了，情绪更加低落。

这天，齐桓公忽然想吃羊肉羹，于是，叫下人做了端来吃。他吃上一口后，觉得没滋没味，一口吐在了地上，并把一个陶碗摔得稀碎，守在旁边的几个下人被吓得战战兢兢，打扫干净后，默默地退了出去。

正在此时，长卫姬走了过来，她来到齐桓公面前说：“君上，您这是犯的哪门子脾气，饭也不吃，碗也打碎了。”

见美人到来，齐桓公心中的烦闷略微有所缓解，他抓着长卫姬的手臂，轻声回答：“没什么大事儿，就是这些下人做的饭菜没有一点儿滋味，寡人没法下咽！”

“您还知道饭菜不好吃了？这个您怪谁呀，不是您自找的吗？”很显然，长卫姬是在往齐桓公的痛处戳去。她所指的是，齐桓公把会做饭的易牙赶走了这事。

齐桓公听了后摇头叹息一声，并未言语。长卫姬又继续说道：“本来很好的事情，君上偏偏听信别人的谗言，硬是把易牙、竖刁、开方撵了出去。他们三个都是手无缚鸡之力的侍臣，在宫里能掀起什么风浪？有那样嘴大舌长的臣子，还有您这样不明是非的君上！现在怎样？他们对您那么好，却被您赶了出去。最后，您还得指望我们这些人。”

长卫姬说完，直视着齐桓公的眼睛。

齐桓公被长卫姬挖苦，已经忘记了管仲、鲍叔牙的规劝，也觉得自己不该把这三个人撵走。于是，他对长卫姬说道：“寡人现已知错，你快快找人把他们找来，听凭寡人差遣！”

长卫姬本想立即答应，但为了以后能让齐桓公对自己言听计从，故意又说道：“妾身不敢去找他们，万一日后再有人进言，说三道四，妾身可担待不起！”

这几句话的作用真不小，齐桓公站起身来，大声地说：“日后谁再说出驱逐三人的话语，寡人定当重罚不饶！”

长卫姬的目的终于达到，她望着齐桓公盈盈一笑，说道：“妾身遵命，立即派人去寻找他们！”

就这样，易牙、竖刁、开方出去不足半年，就被找回宫中。他们和长卫姬勾结在了一起，整日干着蚀解齐国的勾当。

自从管仲、鲍叔牙、隰朋去世之后，齐桓公就以自己的方式处理国内外的一切大小事。这些大小事项，有的容易解决，有的非常棘手，最为棘手的就是处理诸侯之间的事宜了。因为齐桓公是多国的霸主，各个诸侯国的一切事务都需要他来料理。管仲在世时，多是由管仲出主意、想办法，大部分事件都能顺利解决。现在，管仲离去了，诸多的事情就得齐桓公自己做主了，加之齐桓公年事已高，很多事情便应付不来了。

最先发难的是江南的楚国。当年，齐国南征楚国的时候，徐国首先响应，成为进攻楚国的急先锋。楚国被齐桓公和管仲征服后，表面上似乎已经臣服，但背地里却动作不断。现在，楚成王看到齐国的几个栋梁人物先后过世，再也没有谁站出来为齐桓公出谋划策了，为此，楚成王觉得复仇出气的时候到了，就直接出兵徐国。徐国国君一看不好，就派人到齐国求援。

齐桓公听说后，强打起精神，赶紧召集鲁、宋、陈、卫、郑、许、曹各国国君，在牡丘会盟，商量救徐之策。会上约定，各国之师在卫国的匡地集结，一同出兵救徐。但是，临出兵的时候，除齐国和曹国外，其他诸侯国都没有如约前往。管仲在的时候，这种情况是很少发生的。由此可见，此时，齐国在各个诸侯国之中的号召力已明显减弱。

楚成王一见这个形势，心中大喜，知道齐国当年的风光已经不在了，也知道就齐、曹两个国家的力量，根本抵挡不了他楚国进攻徐国的兵力。结果，正像楚成王预计的那样，在很短的时间里，楚国就攻陷了徐国。

公元前644年，这一年对于齐国来说真是多事之秋。居住在北方的戎人不断对周王室骚扰进犯，无奈之下，软弱的周襄王只得招呼齐国前来救驾。接到指令后，齐桓公又召集诸侯商量救周之事。然而，各盟约国到齐以后，都是相互推诿。最后，齐桓公只得带着本国大军前往，经过两个多月的拼杀，终于将戎人打退，解了周王室之危。

第二年春天，即公元前643年，齐国协助缓过劲来的徐国去找曾经跟随楚国攻打徐国的曾国报仇。本来已经说好，鲁国的鲁僖公和他们一起前往，谁知鲁僖公又临时变卦，带领本国士兵去征伐项国。项国是个小国，国内资源丰富，钱财很多，但因为是个小国，经不住鲁国的攻击，很快沦陷，于是鲁国从这里获得了大量钱财。齐桓公听后，甚是气愤。之前，为了保持齐鲁两国的友好，接续原来的亲戚关系，齐桓公的女儿声姜嫁给了鲁僖公为妻，这样，齐桓公和鲁僖公就成了翁婿关系。这次，鲁僖公没有听从齐桓公的指令，采用了阳奉阴违的手段，去攻打一个小小的项国。因此，齐桓公非常生气。等到把曾国平复后，齐桓公便回过来找到鲁僖公，将其扣留下来。

鲁僖公的妻子见父亲齐桓公翻脸，将自己的夫君扣下，连哭带闹地找到齐桓公，并将鲁僖公平安地带回了鲁国。

这一系列事情的发生把齐桓公折腾得心力交瘁、焦头烂额。他仰天长叹："寡人在霸主之位上坐了几十年，想当年，身旁有文臣武将，何等的威风？在诸侯间一呼百应。如今，仲父他们离开我刚刚两年的时间，就发生如此多的事情，难道齐国的大限已到？齐国就这样衰败下去了吗？”齐桓公边喊边哭泣，衰老的脸庞上泪水涟涟，凌乱的胡须随着他的抽泣也一个劲地抖动。

齐桓公凄惨的号叫之声，引得落在大树之上的几只乌鸦也连连叫唤。这令人头皮发麻的瘆人声音，齐桓公听得清清楚楚。这是一个不祥之兆。在崇尚鬼神之说的古代，人们都认为乌鸦是报丧之鸟，它只要在你周围连连叫唤，就预示着凶险的来临。想到这里，齐桓公一阵头晕，摔倒在地，不省人事。

公元前643年的春末夏初，齐桓公病倒了。他这一闹病，国内顿时惊慌起来。那些怀有忠正之心的文武大臣们忧心的是国家的前途命运，但是，那些心存不良之辈想的则是自己的地位和利益，尤其以长卫姬为首的小集团，成员主要是易牙、竖刁和开方。

目前，齐国面临的一个核心问题就是，谁来接班嗣位？

齐桓公娶有三位正妻，第一个是来自周王室的王姬，第二个是徐国王公之女徐嬴，第三个就是蔡国的蔡姬。然而，三个正妻都没有生出儿子。这么大的一个国家，国君没有子嗣是不行的，所以，齐桓公就利用自己的权力，又纳了六位妾，这六位妾都分别给他生下一个儿子。卫国的长卫姬，生下公子无亏；少卫姬生下公子元，即后来的齐惠公；郑国的郑姬，生下公子昭，即后来的齐孝公；葛国的葛嬴，生下公子潘，即后来的齐昭公；密国的密姬，生下公子商人，即后来的齐懿公；宋国的宋华子，生下公子雍。由于三位正妻都没生出嫡子，后纳的六位妾生的公子日后也就有了继承君位的资格。

早些年，齐桓公就和管仲私下商量过，根据所生小孩的聪明程度，还有其生母的人品情况，当时就议定把郑姬所生公子昭立为太子，也就是日后的君位继承人。为了防止出现其他变故，齐桓公把公子昭送到宋国，托付给和自己关系很好的宋襄公照看。

然而，事情进展的并不顺利，齐桓公身边那个善于烹饪、非常受宠的易牙成了坏事的根苗。其实，易牙早已和长卫姬勾搭在一起了。到了确立太子之时，二人商定，由长卫姬去纠缠齐桓公，希望齐桓公能改变主意，立公子无亏为太子。因为长卫姬在齐桓公耳边吹风，齐桓公就口头答应改立长卫姬所生的公子无亏为太子。这样，也就给日后的齐国留下了一个隐患。为了争夺太子之位，齐国闹得血雨腥风。

管仲在世之时，齐桓公几乎把所有的政务都交给了他处理，自己轻轻松松地坐在霸主的宝座上尽情享受。管仲去世之后，所有繁重的政务一下子全都压在逍遥自在惯了的齐桓公身上，使他喘不过气来。加之齐国在政治舞台上的地位日渐下降，而国内又陷入了最令人头痛、最为棘手的立嗣之争中，这使得年事已高的齐桓公承受不住，卧床不起了。

公元前643年的冬天，天气特别寒冷，大雪纷纷扬扬地落下来，一夜之间，就把大地盖了个严严实实。在这个极冷的冬天，齐桓公病得越来越严重。然而，齐国现在是由易牙、竖刁、开方主持朝政，他们封锁了齐桓公病重的消息，无人知晓齐桓公的情况。

一天，易牙来到齐桓公床前，齐桓公一看易牙来到，犹如见了救星一样，慌忙地说道："你可来了，寡人浑身疼痛，快给寡人找个御医！"

此时的易牙与以前判若两人，他看着软弱无力的齐桓公，一改往昔的媚谀之样，眼睛一瞪，冷冷地说道：“老了，哪有身上不疼的？找御医，哼，挺挺吧，过几天就好了！”

齐桓公见过去像一只哈巴狗似的易牙今天竟然说出这样的话来，气得差点背过气去，他指着易牙，有气无力地骂道：“你……你这个没良心的小人，怎么这样对待寡人？想当年……”

“好了，什么良心，你见过良心是啥东西吗？当年，因为你，我都把自己儿子杀了，对你还不好吗？你给我官做，给我待遇，是我应该得的。如今时过境迁，你这个国君眼见着就要归天了，还能怎样？”此时，易牙凶相毕露，大声吼道。

“那……那给寡人做点饭吃还不行吗？寡人饿了！”齐桓公近似哀求地说道。

易牙又是冷冷一笑，说：“你喊他们吧，我还有事儿！”说罢，脖子一挺，扬长而去。

一只白眼狼走了。这时，有一个打杂的更夫走过来，齐桓公让他把竖刁找来。更夫倒很听话，去找竖刁。结果，这个竖刁对更夫说：“你这个浑蛋，他叫你找我，你就找我？我现在没有时间！”

就这样，齐桓公自认为最亲近的人都无情地不再搭理他了。

正如竖刁所说，他与易牙、开方现在确实没有时间搭理病重的齐桓公，他们一起来到长卫姬的宫中，准备商量一件大事——拥立新君。

长卫姬坐在上首，下面三个贼人紧围跟前，长卫姬说道：“三位大夫，眼见君上性命不保，不定哪天就要合眼归天，国不可一日无主，新君嗣位一事，还得尽快商议好呀！”

易牙说道：“原来齐桓公准备让公子昭当太子，继承君位。现在公子昭远在宋国，咱们何必舍近求远，依我看，就让公子无亏就任国君，岂不更好？”

长卫姬一听易牙此言，说道：“无亏当了国君，肯定忘不了你们的扶持之恩！”

竖刁和开方一致同意易牙的说法。接着，他们又商量了一个可以向朝内大臣和天下百姓公布的方案。

三人将齐桓公身边的人全部赶走，封了齐桓公的宫门，还在寝殿外筑了三米多高的围墙，只在墙下留了一个小洞，以便让下人从那里进出，打探齐桓公的生死。

此时，可怜的齐桓公虚弱地躺在床上，屋内十分寒冷，他身上裹着薄薄的棉衣，蜷缩一角。他根本不知道外面的变故，饥渴感也深深地折磨着他。正在此时，他听到“扑通”一声，接着，迷迷糊糊之中见有人推窗跳了进来，待那人走近一看，原来是个宫女。

齐桓公有气无力地对宫女说：“寡人好饿呀，给寡人拿点粥来吧！”

宫女低声说道：“什么饭也没有，更别说粥了！”

齐桓公听了，用干涩的嘴说：“那就给点热水也行，寡人已经唤了半天，无人答应，这会嗓子都发干了！”

这个宫女眼含泪水，摇摇头说：“别说热水，凉水也没有呀！”

齐桓公惊讶地问：“为什么会这样？”

宫女这才把易牙、竖刁等人的事细细道来。

齐桓公听完，疑惑地又问：“既然如此，你又为何而来？”

“想必君上已经忘记曾对奴婢有临幸之恩，虽只一次，但奴婢回想起来，总是历历在目，难以忘怀。因此才不顾丢失性命的危险，要见君上一面！”宫女低声说道。

听她说到这里，病中的齐桓公痛苦地回想了一下，才想起确实有这么个宫女。

齐桓公又问：“那些公子们为什么不来看寡人？还有那些大臣们怎么也不来？”

宫女回答：“竖刁等人将寝宫严守起来，各个公子被阻，入不得宫啊！”

齐桓公听罢，叹气不已，说道：“当年仲父劝寡人要远离易牙、竖刁、开方，但寡人偏不听。鲍太傅临终前也提醒过寡人，寡人也不听。如今造成这个局面，真是老天给寡人的报应啊！”说完，激动得直着脖子，连声叫道：“天啊，天啊，小白今日竟落得这样的下场！”

齐桓公说完已是吐血不止。接着，他又拉着宫女的手说：“寡人一直宠爱的六个爱妾，还有那么多儿子，在寡人最需要他们的时候，没一个人在寡人身边。寡人并不曾厚待过你，可是你却来给寡人送终，寡人有愧于你呀！”

宫女流着泪说：“君上一定要保重身体，若是真的发生了不幸，奴婢愿以死相送！”

齐桓公长长地叹了一口气说：“寡人死了，要是什么也不知道就算了，若是知道，怎么去见仲父和鲍太傅啊！”说完以袖遮脸，号哭数声，气绝身亡。这年，齐桓公刚好七十三岁。

宫女见齐桓公死了，伤心地哭了一场，然后走到窗口处喊人，谁知围墙太高，竟无一人答应。她想要翻墙而出，又找不到梯子。这时她又想到，即使现在出去，若是被易牙、竖刁的人发现了，只怕自己也难逃一死，又想到自己刚才对齐桓公说的要以死相送的话，觉得自己应该说话算数。于是，宫女先将自己的外衣盖在齐桓公的尸身上，又在屋内找来两块垫子盖在了齐桓公的尸身上，将他摆放停当。她跪下身子给齐桓公磕了三个响头后，起身便一头撞在床边的大柱子上，当即，血流不止，一命呜呼。

到了晚上，竖刁派了一个小侍从从小洞钻进来，见地上满是血迹，血迹中横着一个人，吓得赶紧向竖刁报告。竖刁等人赶紧来看，发现是一个宫女，再往床上一看，齐桓公早就没有了气息。

竖刁立即向易牙、开方、长卫姬报告了齐桓公去世的消息，几个人一商量，决定暂时封锁消息，并召集满朝文武大臣，并拿出一份拟定好的假遗诏。假遗诏的内容：寡人重病在身，不日将离人世，为了不断嗣位，寡人意由公子无亏为太子，并代行国君职权，待寡人归天之时，由他嗣位！

大家都知道这份遗诏是假的。因为易牙、竖刁、开方他们已有很长时间不让外人去见齐桓公了，齐桓公是死是活人们都不得知，今日此举，明显就是阴谋。于是，各个公子当场哄闹起来，再加之各家都有朋党，于是内乱愈演愈烈。

直到六十七天后，有人才发现齐桓公的尸身，此时尸身早已僵硬，如果不是冬天，恐怕早已腐烂。最后，众大臣商量总不能这样乱闹腾下去，于是，不得不同意先将齐桓公安葬，而后再拥立公子无亏为君。齐桓公这才得已入殓，可怜那个宫女，只是用衣服草草裹住，放入棺殓。

齐桓公死后，他的儿子们为争夺君位而相互厮杀，齐国的霸业则随着晋、楚的兴起而骤然衰落了。但是，由于管仲的变法改革比较深入，涉及的层面比较广，时机又比较好，所以尽管齐桓公的后继者一代不如一代，然至春秋之末，齐国仍然不失为东方大国。

公子无亏即位后，逃亡到宋国的公子昭向宋襄公哭诉了齐国的混乱状况，尤其是狠狠地数落了易牙、竖刁、开方等人的罪行。宋襄公大怒，立即发动大军，声讨齐国篡权奸贼，大军打到临淄城下之时，气愤之极的齐国军民同宋军联合在一起，涌进宫中，一举杀掉了长卫姬、竖刁和公子无亏，只有易牙和开方逃出城去。后来，众人拥立公子昭登基，是为齐孝公。

齐孝公之后，齐国的宫廷政变又上演了好多次，齐桓公先后有五个儿子当过国君。直到公元前 221 年，齐王建向秦王嬴政投降，秦国统一六国，齐国灭亡。